Le mariage

Sur le même thème :

La Fête de notre mariage, Michel SCOUARNEC , Coll. « Vivre, Croire, Célébrer », 1986.

NIHIL OBSTAT :
Paris, le 1er janvier 1999
M. Dupuy

IMPRIMATUR:
Paris, le 4 janvier 1999
M. Vidal, V.E.

Imprimé en France *Printed in France*

ISBN : 2-7082-3443-9
ISSN : 1159-1633

Xavier LACROIX

LE MARIAGE

Édition complétée
et augmentée

LES EDITIONS DE L'ATELIER

Les Editions Ouvrières
12 avenue Sœur Rosalie
75013 Paris

Avant-Propos

À en croire le mot « conjugal », se marier, c'est se mettre « sous un joug commun ». N'est-ce pas une folie, en un temps où chacun désire être libre et heureux ? Alors que partout l'on parle de « crise du mariage », j'avoue qu'il m'est plutôt arrivé de m'étonner de voir tant de jeunes, la majorité, s'engager dans cette voie. Je suis dans l'admiration de les voir faire tranquillement le choix d'une vie si exigeante. Ont-ils conscience du poids de leur acte ? Sont-ils préparés à cette forme de vie ? C'est une autre affaire...

Il nous faut bien voir en face ceci : d'un côté l'amour est placé en tête des valeurs et des attentes de nos contemporains, de l'autre le couple est le lieu d'un nombre impressionnant d'échecs, de souffrances et de drames. Il y a peut-être un lien entre ces deux phénomènes : on rêve d'amour mais on ne sait pas prendre les moyens de construire une histoire commune.

Deux écueils sont à éviter lorsque l'on parle du mariage : l'idéalisation qui accentue la part de rêve ou, au contraire, la fascination par les échecs. D'un côté les discours fleuris, de l'autre un pessimisme qui finit par faire oublier que la majorité des couples ne divorcent pas ! Cet ouvrage voudrait à la fois montrer les richesses extraordinaires offertes par cette forme de vie très ordinaire et inviter au réalisme : quels moyens prendre pour construire du solide alors que tant de fragilités et d'obstacles sont prêts à apparaître ?

Il s'agit donc d'envisager à la fois les buts et les moyens, les promesses et les limites, les joies et les souffrances propres à la vie conjugale. De saisir comment le « joug » peut être bonheur, comment un lien peut être réalisation de la liberté.

Tout cela au sein d'une institution millénaire, reçue de l'histoire, mais avec laquelle chaque génération, chaque individu, chaque couple entretient une relation originale. Histoire et relation marquées aussi par la vie de l'Église et par le message chrétien. Voici donc trois niveaux auxquels peut être envisagée la question du mariage : moral, social, ecclésial. A chacune de ces approches correspondent des questions spécifiques : pourquoi être fidèle ? Pourquoi la loi ? Pourquoi le sacrement ?

Il me paraît important de traiter distinctement ces trois degrés, sans les dissocier, bien sûr. Important aussi, pour un regard chrétien, de ne pas s'arrêter en route ou sauter des étapes. Le sens chrétien du mariage apporte ses ressources propres tout en assumant un ensemble de valeurs sociales et morales.

Nous voici donc au seuil d'un itinéraire en huit chapitres, ouverts par huit lettres à la fois fictives et authentiques (chacune d'elles reprend des questions réellement entendues ; sous les prénoms se tiennent des visages). Après une toile de fond initiale (Chapitre I), nous partirons des hésitations de certains jeunes face à un tel engagement (Ch. II, III). Nous nous arrêterons ensuite sur le sens du mariage civil (Ch. IV) puis sur celui du sacrement (Ch. V), avant d'aborder le sens de la fécondité, qui est un des buts du mariage Ch. VI). Un chapitre spécial sera alors consacré aux situations de crise ou d'échec (Ch. VII), pour finir sur l'ultime séparation de ceux qui se sont unis « jusqu'à la mort » (Ch. VIII).*

* Les appels de notes tout au long de l'ouvrage correspondent aux notes situées en fin d'ouvrage, p. 142.

Chapitre 1

AMOUR ET MARIAGE

J'ai toujours pensé me marier, mais mes camarades de bureau me taquinent gentiment. Elles me disent que le mariage est dépassé, une convention bourgeoise et inutile. Il m'arrive parfois de me dire des choses semblables. Je rêve d'un grand amour, mais je n'ai guère envie de jouer un rôle défini à l'avance. Peut-on à la fois être amoureuse, libre, active et mener une vie sage d'épouse et mère ? Lorsque je vois certains couples vieillissants, mon inquiétude grandit. Je me demande si le mariage n'est pas le résidu de temps anciens où la loi de la famille passait avant le bonheur personnel. Pourtant j'aimerais aussi être mère de famille et tenir une maison bien remplie.... Tout cela est-il compatible ?

Geneviève

Étonnante aventure, quand on y pense, que le mariage. Surtout lorsqu'il est compris à la manière moderne, c'est à dire lorsqu'il doit remplir un nombre assez impressionnant de fonctions. Il est, en effet, beaucoup demandé au mariage aujourd'hui. Voici qu'un même état de vie est censé être à la fois :

– l'union de deux cœurs et une institution par laquelle se perpétuent les familles,

– l'acte qui engage l'intimité de deux personnes et une forme de vie sociale,

– une histoire affective et une réalité juridique,

– au service de l'amour et au service du renouvellement des générations.

Être à la fois amoureuse, libre, active et mener une vie sage d'épouse et de mère ?

Les deux versants de ces réalités, le côté subjectif et le côté objectif, n'ont pas toujours été en harmonie. Disons même qu'ils ne l'ont jamais été naturellement. A travers l'histoire, les crises du mariage reviennent régulièrement et les phases d'équilibre ont toujours été temporaires. Il n'a jamais été évident de « marier » l'amour, *enfant de Bohême*, et les valeurs de stabilité, de durée et de responsabilité propres au lien conjugal. Sait-on que vers 1840, à Paris, on pouvait recenser 32 % d'unions illégitimes ? Qu'en 1795, juste après, il est vrai, la loi autorisant le divorce, il y eut en France plus de divorces que de mariages ? En 1934 déjà, un auteur catholique déplorait « le mal dont souffre le mariage à notre époque » !

UN COUPLE TUMULTUEUX

Tumultueux donc fut souvent le couple de Éros et Gamos, l'*amour* et le *mariage*. Il faut dire qu'à l'origine et pendant longtemps, le second ne s'est guère soucié du premier. Au cours de l'antiquité et dans les civilisations traditionnelles, le mariage a, depuis des temps immémoriaux, été d'abord l'objet d'un *arrangement entre les familles*. Dès l'enfance parfois, les pères convenaient que les enfants, garçon et fille, lorsqu'ils seraient nubiles (en âge de se marier), deviendraient époux. La souci principal était le prolongement de la famille, la survie du lignage. L'essentiel étant la transmission de la vie, du nom, du patrimoine. Un orateur du IVe siècle av. J.C. pouvait déclarer : « Nous nous marions pour engendrer des enfants légitimes » (Démosthène).

Le mariage est d'abord né des règles, présentes dans toute société, qui obligent les familles à échanger leurs enfants pour se prolonger. Il fallait que les liens du sang ne se confondent pas avec les liens d'alliance. Une distinction d'importance considérable pour la naissance même de l'humanité. Et ceci pour des raisons qui débordent largement les questions de santé ou de génétique. Nous touchons là au caractère universel du précepte biblique : « L'homme quittera son père et sa mère » (Genèse 2, 24). Il s'agit de sortir du cercle des proches pour aller vers un partenaire d'origine différente : autre famille, autre lignée, autre clan (le degré d'éloignement varie selon les sociétés). Le mariage introduit du « sang neuf » dans les familles, qui sont obligées de donner, de s'élargir (et ainsi de s'enrichir) pour continuer.

Sagesse des Arapesh

« Tu voudrais épouser ta sœur. Mais qu'est-ce qui te prend ? Tu ne veux pas avoir de beau-frère ? Tu ne comprends donc pas que, si tu épouses la sœur d'un autre homme et qu'un autre homme épouse ta sœur, tu auras au moins deux beaux-frères et que, si tu épouses ta propre sœur, tu n'en auras pas du tout ? Et avec qui iras-tu à la chasse ? Avec qui feras-tu des plantations ? Qui iras-tu visiter ? »

Propos entendu chez les Arapesh, Nouvelle Guinée, cité par R. Béraudy, *Sacrement de mariage et culture contemporaine*, Desclée, 1985.

Cela signifie-t-il que toute forme d'affection était absente ? Absolument pas. Mais celle-ci venait après le mariage, au fil des jours. Elle ne prenait pas tout à fait la forme de ce que nous appelons aujourd'hui le « sentiment amoureux », mais plutôt celle d'un attachement, souvent proche de l'amitié, né du compagnonnage quotidien. Lorsque la relation n'était pas trop inégalitaire, de la triple communauté de vie, de biens et de corps pouvaient naître des liens délicats, comme en témoigne cet auteur du Ve siècle avant J.C. (un époux s'adresse à son épouse) : « Où tu goûteras le plaisir le plus doux, c'est lorsque, te montrant meilleure que moi, tu auras fait de moi ton serviteur, lorsque, loin de craindre qu'en avançant en âge tu ne sois moins considérée dans ta maison, tu auras l'assurance qu'en vieillissant, plus tu seras appréciée de ton époux comme associée et de tes enfants comme ménagère, plus tu seras honorée dans la maison » (Xénophon).

S'agit-il ici d'amour au sens où nous l'entendons aujourd'hui ? On peut en douter. Ce dernier, il faut bien le dire, a plutôt fait son apparition hors du mariage. Que ce soit comme *désir* érotique ou comme *passion* amoureuse, il a d'abord été perçu comme un « démon », c'est-à-dire une force d'origine inconnue, un désordre qui vient bouleverser le cours bien rangé de la vie, une menace par rapport à l'ordre social. On ne le concevait guère comme compatible avec la durée et la vie familiale. Dans la littérature en particulier, il a souvent pris la forme de l'amour interdit ou impossible. Beaucoup ont en mémoire les histoires de Tristan et Iseut, Roméo et Juliette ou encore Madame Bovary, dans lesquelles l'amour entrait en conflit avec le mariage ou les lois familiales, c'est-à-dire avec l'institution. Cette tension garde un caractère permanent et continue à alimenter la littérature et le cinéma contemporains : pensez aux romans ou aux films que vous avez lus ou vus récemment.

Tristan et Iseut

Tristan et Iseut ont bu le « philtre d'amour » au cours du voyage qui devait conduire Iseut chez son époux, le roi Marc. Ils sont poursuivis comme hors-la-loi.

« Sire, j'aime Iseut de façon si étonnante que je n'en dors ni ne sommeille. Ma décision est toute prise : j'aime mieux, avec elle, être mendiant et vivre d'herbes et de glands que d'avoir le plus riche royaume. Je ne veux pas entendre parler de l'abandonner, car je ne le puis. »

Iseut pleure aux pieds de l'ermite ; elle change maintes fois de couleur en peu de temps ; souvent elle lui crie miséricorde : « Sire , au nom de Dieu Tout-puissant, il ne m'aime et je ne l'aime que par un philtre dont je bus et dont il but : ce fut notre erreur. C'est pour cela que le roi nous a chassés » (...)

Au matin, Tristan s'éloigne. Il se tient dans les bois, hors de la plaine cultivée. Le pain leur manque, quelle pitié ! Des cerfs, des biches, des chevreuils, il en abat beaucoup par le bocage. Là où ils prennent leur repos, ils font leur cuisine avec un grand feu. Ils ne passent qu'une seule nuit au même endroit.

Tristan et Iseut, Légende celtique, racontée par Béroul, XIIe siècle

UN APPRIVOISEMENT RÉCIPROQUE

Mais la vie n'est pas littérature. Dans la réalité, l'opposition était beaucoup moins marquée. Bien avant que le modèle du mariage amoureux ne soit devenu sociologiquement dominant, d'innombrables couples se sont aimés. Selon les historiens, c'est depuis le XVIIIe siècle seulement que le mariage par amour est entré dans les mœurs et depuis le début du XXe que l'amour est devenu la valeur centrale du mariage. Mais cela ne doit pas occulter les nombreux témoignages plus anciens d'amour conjugal et la montée en puissance bien antérieure de sa mise en valeur.

Depuis deux siècles donc, la place de l'amour dans le mariage n'a cessé de croître, au point d'entraîner un véritable renversement de situation. C'est ainsi qu'avec un sociologue actuel (Louis Roussel) on peut repérer, au fil du temps, la succession de trois modèles conjugaux :

– le *mariage traditionnel* où l'institution prime sur les sentiments,

– le *mariage « alliance »* où l'amour et l'institution sont à égalité,

– le *mariage romanesque* où l'amour prime sur l'institution.

Dans l'histoire, c'est l'Église qui favorise le mariage d'amour !

Dans cette évolution, le christianisme a joué un rôle tout à fait déterminant. On l'ignore bien souvent, beaucoup de nos contemporains considérant avant tout l'Église comme gardienne de l'institution et oubliant à quel point elle est intervenue, au cours des siècles, en faveur de la liberté des conjoints et de l'amour conjugal. Dès les premiers siècles, papes et évêques se sont faits les avocats de l'indépendance du choix du conjoint par rapport aux normes sociologiques du groupe familial. Ils prendront même parfois la défense des mariages « clandestins », c'est-à-dire contractés hors de l'accord et de la présence des parents. Quant à l'amour, plus de vingt – voire vingt-cinq – siècles avant qu'il ne prenne une importance sociologique, on le voit apparaître dans les textes bibliques.

Celui qui emploie en des sens très proches, parfois même comme interchangeables, les termes d'**amour** et **alliance** ne sait pas à quel point il hérite d'une longue tradition. Cette tradition remonte à l'Ancien Testament qui, six ou huit siècles avant Jésus-Christ, travaillait déjà à rapprocher deux notions au départ bien distinctes. Qu'y aurait-il a priori de commun entre un pacte *juridique* (guerrier ou matrimonial) et un *sentiment* comme l'amour ? Or voici une chose étonnante : c'est en passant par Dieu lui-même que les textes et la spiritualité biblique effectuent ce rapprochement. Celui-ci peut se traduire par deux idées qui correspondent chacune à une expérience spirituelle : tout d'abord le lien qui lie la liberté humaine à Dieu (selon la structure promesse-exigence) peut se traduire en termes d'alliance, ensuite ce lien n'est pas de type juridique ou dicté par l'intérêt mais fruit et expression d'un mouvement du cœur, d'un attachement que l'hébreu dénomme *Ahabah*, l'amour.

Le Serment de YHWH

« Si YHWH s'est attaché à vous et vous a choisis, ce n'est pas que vous soyez les plus nombreux de tous les peuples : car vous êtes les moins nombreux de tous les peuples. Mais c'est par amour pour vous et pour garder le serment juré à vos pères que YHWH vous a fait sortir à main forte et t'a délivré de la maison de servitude, du pouvoir du Pharaon, roi d'Egypte ».

Deutéronome 7, 7.

Parmi les cultures, la Bible est la tradition qui aura le plus contribué à faire avancer la compréhension du lien conjugal comme lien d'amour. Bien avant que cette conception ne soit répandue sociologiquement et bien que la pratique dominante à l'époque soit encore la polygamie, elle nous présente les couples d'Isaac et Rebecca, Jacob et Rachel, Tobie et Sarra sans oublier, bien sûr le *Cantique des Cantiques*.

> « *Et Isaac introduisit Rébecca dans sa tente. Il la prit et elle devint sa femme et il l'aima. Et Isaac se consola de la perte de sa mère* » (Gn. 24, 67).
>
> « *Jacob servit (pour obtenir Rachel) pendant sept années qui lui parurent comme quelques jours, tellement il l'aimait* » (Gn. 29, 20).
>
> « *Pose moi comme un sceau sur ton cœur,*
> *comme un sceau sur ton bras.*
> *Car l'amour est fort comme la Mort.* » (Ct 8, 6).

Mesure-t-on le poids de certaines paroles de Paul ainsi que leur décalage par rapport aux mœurs du temps (et de tout temps) : « Maris, aimez vos femmes comme le Christ a aimé l'Église et s'est livré pour elle »

(Eph. 5) ? Les mœurs, certes, ont été longues à suivre. Mais, au fil des grands textes chrétiens, malgré une accentuation, que nous trouvons aujourd'hui excessive, de la valeur du célibat, on rencontre maints passages qui, aux yeux de l'historien, peuvent être qualifiés d'avant-coureurs. Ainsi chez Jean Chrysostome (évêque de Constantinople au IVe siècle) :

> « *Pourvoyez à tous les besoins de votre femme, ne négligez aucun de ses intérêts, n'épargnez pas votre peine : c'est comme un devoir impérieux. (...) Paul ne dit pas :* « il habitera avec elle », *mais :* « il s'attachera à elle », *marquant ainsi une intime union, une vive tendresse. Et il ne s'en tient pas là : par ce qu'il ajoute, il représente la soumission sous de telles couleurs que les deux ne paraissent plus qu'un. Il ne dit pas* « par l'esprit » *ou* « par l'âme » *: c'est chose évidente, il dit :* « de telle façon qu'ils ne forment qu'une seule chair »[1].

Autour du XIIe siècle, au moment où, dans nos pays, la littérature et les troubadours exaltent l'amour courtois, c'est à dire la passion pour une personne autre que l'épouse, une cohorte de théologiens élaborent la doctrine selon laquelle le mariage est un sacrement, plaçant au centre de leurs réflexions l'union des cœurs et des corps. Par la suite et progressivement jusqu'au Concile Vatican II, cette accentuation restera caractéristique de la pensée des théologiens, même s'ils continuent à placer la procréation et l'éducation des enfants comme « fin première » du mariage. Voici par exemple ce que l'on peut lire sous la plume de Saint François de Sales, au XVIIe siècle :

> « *L'amour et la fidélité, jointes ensemble, engendrent toujours privauté (familiarités) et confiance ; c'est pourquoi les saints et saintes ont usé de beaucoup de réciproques caresses en leur mariage, caresses vraiment amoureuses mais chastes, tendres mais sincères (...). car, bien que ces petites démonstrations de pure et franche amitié ne lient pas les cœurs, elles les approchent néanmoins, et servent d'un agencement agréable à la mutuelle conversation.* »[2]

D'autres facteurs, bien sûr, ont joué. D'autres courants de pensée (tels l'humanisme ou le romantisme) et, bien sûr, les transformations sociales (individualisation des modes de vie, affaiblissement de la famille traditionnelle). Mais si, aujourd'hui, les mots d'amour, alliance, couple, mariage paraissent si proches, c'est pour une très grande part au christianisme que nous le devons.

LA VAGUE AMOUREUSE

Il arrive parfois qu'une doctrine soit victime de son succès. Après avoir acquis autant d'importance que l'institution, l'amour, depuis quelques années, semble l'emporter sur celle-ci. La mise en avant de la dimension amoureuse, qui est bien sûr une chance pour la valeur du contenu du mariage, peut aussi être porteuse de menaces non seulement envers l'institution mais encore à l'égard de la solidité du lien. Surtout lorsque l'amour est perçu comme sentiment : quoi de plus précaire que ce dernier ?

En schématisant un peu, on pourrait résumer par trois formules l'évolution des mentalités quant à la relation entre le mariage et le sentiment :

– Puisque nous sommes mariés, aimons-nous ;

– Puisque nous nous aimons, marions-nous ;

– Puisque nous nous aimons, pourquoi se marier ?

Si on se marie parce qu'on s'aime, pourquoi se marier ?

Un jeune couple traduisait un jour fort bien ce dernier point de vue : « Si on se marie parce qu'on s'aime, pourquoi se marier ? ». De fait, les transformations de la vie sociale ont, peu à peu, rendu caduques les raisons pratiques et objectives de se marier. Dans les sociétés traditionnelles, se marier était un acte dont les utilités sociales étaient évidentes. Le mariage permettait :

– de légitimer les enfants,

– d'autoriser les relations sexuelles,

– de donner un statut social à la femme,

– de constituer une unité économique de production (ferme, boutique, avec division du travail entre l'homme et la femme),

– de garantir la liberté des enfants vis-à-vis de leurs parents,

– d'assumer la publicité de l'acte (bans, cérémonie...).

Reprenons une à une ces six fonctions. Nous verrons que chacune d'entre elles peut être remplie hors du mariage. C'est ainsi que la très grande majorité des enfants nés hors mariage sont reconnus par leur père. Et la femme a bien d'autres moyens d'accéder à un statut social. D'autres solidarités sociales et économiques se sont développées en dehors de la famille. La dimension institutionnelle du mariage a également été ébranlée par l'instauration du divorce par consentement mutuel : « S'il est si facile de divorcer, pourquoi se marier ? »

D'une façon générale, les valeurs associées à l'institution comme telle ne suscitent pas l'enthousiasme, tandis que celles qui sont liées au sentiment et à l'affectivité passent au premier plan. Imaginons un sondage où il serait demandé à chacun de dire sa préférence entre deux séries de termes :

DURÉE	SINCÉRITÉ
VOLONTÉ	ÉMOTION
DEVOIR	PASSION
TRADITION	NOUVEAUTÉ

Depuis deux ou trois générations déjà, la balance penche nettement d'un côté qu'il est facile de deviner. Même chez les gens mariés, l'institution est souvent considérée comme secondaire.

On assiste alors à un curieux renversement du sens du mariage. Pendant des millénaires, il a signifié et réalisé l'insertion du couple dans un système social et communautaire d'échanges et d'alliances. Le voici aujourd'hui pensé de façon très intimiste, comme seuil de la vie privée, union de deux cœurs, en retrait par rapport à la vie sociale. C'est bien la raison pour laquelle certains ne voient plus de différence entre mariage et concubinage. Pourquoi donner un statut social à un acte si privé ? L'union devient si privée... qu'on la prive de nom. La maladresse des cohabitants/concubins à désigner leur compagnon ou leur compagne est l'indice d'une certaine indétermination sociale.

Cette montée en puissance de l'affectivité va de pair avec une idéalisation du couple et une inflation des attentes à son égard. Dans le contexte d'un monde difficile, complexe et conflictuel où dominent les rapports de force, le couple sera investi de tous les désirs de reconnaissance et de bonheur. De lui on attendra communication, plaisir, équilibre, égalité, transparence, spontanéité, détente... en un mot l'épanouissement dans tous les domaines, affectif, sexuel et culturel. Dans bien des cas, cet impressionnant cahier des charges ne pourra pas être totalement rempli. D'où déceptions et désillusions parfois amères.

La montée des attentes peut aussi être une chance pour un accroissement des exigences et une plus grande valorisation de la vie conjugale qui, sans cela, serait menacée par le vide ou la grisaille. Encore faut-il pour cela prendre les moyens de réaliser un tel chef-d'œuvre.

AU-DELÀ DU ROMANTISME

L'affaiblissement des raisons extérieures de se marier peut être l'occasion d'en redécouvrir les raisons plus intérieures. La baisse de la pression sociologique peut être une chance pour la réflexion et la liberté. Encore faut-il que la subjectivité n'emporte pas tout. Le mariage est à son maximum de richesse humaine et spirituelle lorsqu'il permet de réaliser cet exploit : réunir le plus subjectif et le plus objectif. Tenir ensemble l'amour et le droit, l'attachement et le devoir, le sentiment et la volonté. Le lien conjugal devient alors une école particulièrement exigeante de solidarité et de dépassement de soi.

Après un travail multiséculaire pour introduire l'idée d'amour dans le mariage, voici donc une nouvelle tâche : réintroduire l'idée de mariage dans l'amour. Le lien conjugal n'est pas seulement le lien amoureux. *On ne se marie pas que pour s'aimer* ! Éduquer ensemble des enfants, réaliser une œuvre commune font partie des fins propres du mariage. Le mariage n'est pas seulement l'union de deux cœurs mais la fondation d'une « maison », c'est-à-dire d'une famille. L'amour gagnera à viser plus loin que lui-même, faute de quoi il risquera toujours de devenir « un égoïsme à deux ».

Au-delà de l'opposition entre le sentiment et l'institution, se rencontre la notion de *lien*. Être liés, être reliés, étrange réalité. Le lien se tisse à un degré de profondeur inaccessible à la conscience. Le psychologue parlera d'inconscient, le théologien de mystère... Il s'agit d'une solidarité plus forte que les liens du sang, plus intérieure que les impératifs de la loi mais aussi plus constante que les aléas du sentiment. Une communauté de destin sur fond de parole donnée, à base de confiance, de mémoire, de loyauté, de certitude, d'impossible indifférence à l'égard de l'autre. Se découvrir de fait embarqués sur le même bateau. Consentir à cela. Éprouver comme un bien la non-indépendance. Étonnante expérience, qui correspond peu aux valeurs actuelles, tout en faisant écho à un profond désir chez chacun. Est pressentie ici une vérité qui sera confirmée par tout ce qui suit : ***le lien est plus profond que l'amour et l'amour est plus fort que le sentiment***.

Quelques chiffres... pour la France

Mariages civils	1972 : 416 500 par an 1994 : 254 000 1997 : 285 000 2002 : 280 000 En 1980, 77 % des mariages civils étaient suivis d'un mariage religieux. En 1992 : 50 %, en 2000 : 40 %.
Couples non mariés	Les couples non mariés se séparent six fois plus que les couples mariés, deux fois plus s'ils ont des enfants.
Pacs	2003 : 30 000 La probabilité de rupture entre partenaires est trois fois plus grande qu'entre époux.
Naissances hors mariage	1965 : 6 % – 1993 : 33 % 2002 : 44 %
Divorces	1962 : 30 600 – 1996 : 120 300 Indice de divortialité (proportion de divorces par rapport aux mariages stables pour un même effectif initial) : France : 38 %, Allemagne : 30 %, Suède : 44 %, Québec : 49 %, USA : 55 %. 2003 : 42 %
Foyers monoparentaux	1968 : 660 000 1990 : 1 180 000 (17,3 % des familles) – 1999 : 1 640 000 Trois millions d'enfants vivent avec un seul de leurs parents.
Fécondité	1995 : 1,7 enfant par femme (seuil de renouvellement des générations : 2,1). Québec : 1,6, Allemagne : 1,5, Italie : 1,2, Espagne : 1,3. 2000 : 1,89 enfant par femme.
Activité féminine	55 % des femmes entre 25 et 40 ans avaient une profession en 1975, 74 % en 1990.
Montée des solitudes	Personnes vivant seules : 1962 : 2,8 millions 1992 : 6,2 millions
Lien paternel	Après divorce, 9 fois sur 10 la garde est attribuée à la mère. Après cinq ans de séparation, 39 % des enfants ne voient plus du tout leur père (22 % après mariage, 46 % après concubinage), 23 % le voient moins d'une fois par mois. 80 % des adolescents en hôpital psychiatrique ont été privés de présence paternelle.

Sources : IFOP, CSA, Insee, Ined, Enquête ESF.

Attention !

Ne pas renverser les rapports : les chiffres indiqués signifient aussi que :
- la majorité des couples se marient (6 sur 10 à trente ans)
- la majorité ne divorcent pas (58 %)
- 66 % des Français jugent que le mariage est préférable à l'union libre
- 80 % des jeunes de 18 à 25 ans affirment que le préférable est que le couple dure toute la vie.

« Un arbre qui tombe fait plus de bruit que mille arbres qui poussent. »

Proverbe japonais

Le mariage chez les Toris

Pour mieux percevoir l'originalité du mariage « occidental - chrétien - moderne », tel que nous le connaissons, écoutons ce témoignage d'un Africain né au Bénin :

Prenons le cas des Toris. Il va peut-être vous choquer, mais c'est celui que je connais le mieux. Maman était la treizième femme de papa. Elle n'avait pas été choisie par mon père, mais avait été mariée deux générations avant, parce que mon grand-père avait dit à un ami : « tu m'as tellement rendu de services qu'il faudrait que nos familles soient liées ». On a, alors, patiemment attendu qu'un bébé vienne, dans une famille comme dans l'autre, pour honorer l'engagement. Ainsi, dès sa naissance, ma mère savait dans quelle famille elle aurait à vivre et, au lieu de recevoir l'éducation qu'on donne aux filles de sa lignée, elle a reçu celle de sa belle famille. Ses parents étaient agriculteurs, alors que, du côté de papa, on était commerçants et responsables du fétiche du village.

Maman a été élevée dès son bas âge pour mieux vivre sa situation d'épouse plus tard. Ce qui n'empêche pas que, au fur et à mesure qu'elle grandissait, elle a toujours eu l'impression d'avoir choisi son mari. Comment cela peut-il se faire ? Dans la famille de maman comme dans la famille de papa, il y a les tantes marieuses, qui suivent les enfants dès leur bas âge. Ce sont elles qui font les couples. Elles voient peu à peu quel petit garçon pourrait aller avec telle petite fille. Ensuite on laisse faire les choses... C'est un « hasard calculé »... Quand on sait, par exemple, que telle petite fille que l'on voudrait marier à tel garçon va danser dans tel village un soir, on y envoie le petit garçon, en pensant qu'ils finiront bien par se rencontrer... Peu à peu se tissent des liens d'amitié.

Quand les jeunes gens viennent demander aux parents l'autorisation de se marier, au départ ceux-ci font mine de refuser : « on ne sait jamais si c'est pour s'amuser que les enfants demandent ou s'ils réalisent la portée de ce qu'ils veulent faire... ». Ensuite commencent les vraies négociations. Une délégation dont la composition varie d'une région à l'autre (généralement il y a une tante, un oncle et des cousins ; le père et la mère n'y sont pas, parce qu'ils sont responsables directs) se présente à l'autre famille pour lui demander la main de la jeune fille. Mais on ne vient pas dire : « j'ai trouvé votre fille jolie, il faudrait qu'elle se marie avec un tel » ; on dira plutôt par exemple : « la calebasse avec laquelle nous puisons l'eau chez nous est cassée. Il se trouve que l'une des vôtres, hors d'usage, pourrait encore servir, alors je viens vous demander... ». Ou bien, « Chez nous, il n'y a plus assez d'huile dans la lampe familiale. Peut-être y aurait-il chez vous un enfant que l'on enverrait au marché chercher de l'huile pour que nos ancêtres ne soient pas dans les ténèbres »... Les réponses seront généralement données sous forme imagée, de proverbes généralement. C'est une bataille assez serrée, cela vaut le coup d'y assister quand on connaît la langue. Il y a des choses que l'on ne pourra jamais traduire, surtout dans des négociations comme celles-là. Après cette première étape, il faut que les jeunes gens se montrent dignes. On les surveillera. Ils devront être gentils avec tout le monde ; on les « exploitera » un peu ; par exemple quand on sait qu'un garçon voudrait une fille de la famille et qu'il a les bras valides, on lui fait labourer les champs de presque tout le monde... Il ne peut pas refuser ; s'il refuse de travailler c'est qu'il est paresseux ou alors qu'il se moque de la famille et que la femme qu'il voudrait n'a pas de prix à ses yeux. On les traite ainsi de part et d'autre.

Ensuite arrive l'étape de la dot : ou bien la famille est suffisamment aisée — je ne dirai pas riche — pour payer la dot du garçon (c'est toujours le garçon qui paie pour la femme) ou bien l'on pratique ce que l'on pourrait appeler le « marché de la dot ». Le jeune homme fait dire au village : « je me marie avec telle jeune fille, dans trois mois. Je fixe samedi prochain pour rassembler ma dot ». Tous les jeunes gens qui ont envie que l'on participe un jour à leur dot y vont et donnent une participation. C'est un peu comme un placement. Le principe est que vous receviez en retour environ une fois et demie votre mise. Comme cela, c'est l'ensemble du village qui arrive à rassembler la somme nécessaire. Une fois la dot versée, la famille doit laisser partir sa fille. On essaiera alors de demander tout ce que l'on peut, parce qu'on sait que tant que l'on a encore la fiancée on tient le jeune homme, tandis qu'à partir du moment où il aura sa femme à la maison... il sera toujours gentil, bien sûr, mais on ne pourra plus faire pression sur lui.

Quand la famille estime qu'elle a déjà assez demandé, elle fixe un jour pour accompagner la fiancée dans la chambre du fiancé, lequel doit être absent à ce moment-là. Il ne rentrera que le lendemain, quand il verra une lampe dans sa case. Il sera alors accueilli dans sa maison. Si la famille, pensant qu'elle n'a pas retiré encore tout ce qu'elle peut, refuse de laisser partir sa fille, le garçon peut rassembler quelques amis, pour qu'ils aillent enlever cette fille et la conduire chez lui. Mais, alors, il sera absent de sa case. Autrement ce serait un déshonneur pour la famille alliée. Une fois la femme enlevée, on enverra une délégation pour s'excuser et se réjouir en même temps, de l'enlèvement. On dira en substance : « vous devriez quand même être contents, car si c'était une autre personne qui avait enlevé cette fille, ce serait un grave litige entre les deux familles... Il est vrai que les garçons d'aujourd'hui sont trop pressés ; ils ne nous écoutent pas, ils ne sont pas patients, ils font tout à leur tête... Mais vous devez leur pardonner : rappelez-vous de votre temps... ». Tout fini par s'arranger : la famille alliée envoie alors une autre délégation pour constater les conditions de la consommation du mariage. Des tantes ont préparé la chambre nuptiale, puis attendent à côté, pour savoir si la jeune fille était vierge ou non. Si elle n'est pas vierge, elle retourne dans sa famille, ce qui implique le remboursement intégral de la dot, exceptés les petits cadeaux. Imaginez le poids d'une telle pratique sur la conscience des filles ! Autant dire que les filles qui arrivaient au mariage sans être vierges n'étaient pas nombreuses.

Quand tel était le cas, et si c'était le fiancé lui-même qui avait connu sa femme avant la noce, il était soumis à une amende correcte, qu'il réglait pour avoir transgressé un peu les règles de la société. Sinon, c'était un peu plus dramatique. Chez les Toris, par exemple, le mari ne pouvait pas, pour faire plaisir à sa femme, dire : « c'est moi qui l'ai connue ». Il y avait l'*ordalie*, épreuve d'une sorte de poison qui juge la conscience. Je ne sais pas de quoi il est fait, mais on croit qu'il tue vraiment quand on ment. Je ne l'ai pas expérimenté et n'ai aucune envie de le faire. Si le mari accepte quand même de garder cette femme non vierge, il faut qu'il sache quels sont ceux qui l'avaient connue avant son mariage. Voici la justification que l'on donne pour cette épreuve : « Tous les jeunes hommes vont aux mêmes parties de chasse, ils peuvent être appelés à aller en guerre en même temps contre la même tribu. S'ils ont aimé en même temps la même femme, ils peuvent être ennemis mortels et se tirer dans le dos ». C'est pour éviter pareille situation qu'il faut donc qu'elle les dénonce, alors la paix sera préservée entre les vivants, et entre les vivants et les morts.

Théodore Adoumbou, *Pourquoi se marier ?,* Actes du colloque de l'Institut des Sciences de la Famille de Lyon, Cahiers de l'Université catholique de Lyon, n° 19, février 1988.

Chapitre 2

S'ENGAGER POUR LA VIE ?

Nous nous aimons depuis trois ans et habitons ensemble depuis un an. Nous sommes heureux mais une différence grandit entre nous : Marielle souhaiterait que nous nous engagions plus fortement, elle parle de s'unir pour la vie, d'avoir des enfants et même de se marier. Quant à moi, je préfère m'en tenir au temps présent. Je me méfie des « toujours ». N'est-ce pas une folie de s'engager à vie envers une personne que l'on connaît encore si peu et qui risque de changer ? Comment savoir si nous nous aimerons encore dans vingt ans ? La vie est si longue...

Rémi

C'est donc d'amour d'abord qu'il s'agit entre Rémi et Marielle. En cela, ils sont bien de leur temps. Mais voici qu'ils s'affrontent à un des paradoxes de l'amour : d'un côté celui-ci est porteur d'un vœu de durée quasi universel, de l'autre il s'avère fragile et vulnérable. Comment donc entendre la fameuse rime « amour, toujours » ? Illusion ou vérité ? Évidence trop facile ou appel constructif ? Est-il raisonnable de s'engager dans un lien unique jusqu'à la mort ?

Comment savoir si nous nous aimerons encore dans vingt ans ?

AMOUR, TOUJOURS ?

Pour nos contemporains, aimer signifie d'abord être amoureux. C'est en ses commencements que l'amour est perçu, reconnu, célébré. Et comment nier que ce soit là un des plus beaux cadeaux de la vie ? Ce n'est pas sans raisons qu'il a inspiré tant de poèmes et de chansons... C'est l'heure de la découverte émerveillée de l'autre et du mystère de l'union possible entre deux êtres différents...

Je te regarde

Je te regarde et le soleil grandit
Il va bientôt couvrir notre journée
Éveille-toi cœur et couleur en tête
Pour dissiper les malheurs de la nuit

Je te regarde tout est nu
Dehors les barques ont peu d'eau
Il faut tout dire en peu de mots
La mer est froide sans amour

C'est le commencement du monde
Les vagues vont bercer le ciel
Toi tu te berces dans tes draps
Tu tires le sommeil à toi

Éveille-toi que je suive tes traces
J'ai un corps pour t'attendre pour te suivre
Des portes de l'aube aux portes de l'ombre
Un corps pour passer ma vie à t'aimer
Un cœur pour rêver hors de ton sommeil.

Paul Éluard

Aussi lumineux qu'il soit, le sentiment amoureux n'est pas, pour autant, transparent. Il compte des zones d'ombre et se révèle, à la réflexion, singulièrement complexe. Dans cet état, que l'on a pu qualifier *d'enchantement*, des réalités très diverses se trouvent mêlées :

- le désir sexuel,
- l'idéalisation (de l'autre et de la relation),
- le narcissisme (amour de soi à travers l'autre),
- une sorte d'extase (sortie de soi, plus ou moins réelle ou illusoire),
- des rêves de fusion,
- la découverte d'horizons nouveaux.

« Parce que c'était lui, parce que c'était moi ». Les raisons pour lesquelles on « tombe amoureux » de telle ou telle personne échappent à toute définition. Elles renvoient non seulement à la part de mystère de toute rencontre, mais encore aux labyrinthes de l'inconscient de chacun. La reconnaissance de l'unicité et de la beauté de la personne aimée s'accompagne de nombreux facteurs affectifs que les psychologues ou les romanciers peuvent nous aider à entrevoir. Le sentiment naît d'un subtil mélange, propre à chaque couple, de ressemblances et de différences, de complémentarités et d'affinités. D'une harmonie dynamique qui implique, selon des dosages variables, les divers niveaux de la personnalité : idéaux, modèles culturels, appartenance sociale, histoires familiales, sensibilité corporelle, centres d'intérêts, compétences, croyances...

Chez certains domine la recherche du semblable, chez d'autres celle du différent, voire de l'opposé. Viennent s'y ajouter la conformité avec tel ou tel « modèle intérieur » que chacun portait en soi depuis longtemps ainsi que, bien sûr, l'influence de l'image des parents ou des proches avec lesquels les uns rechercheront la continuité, d'autres l'écart...

Ainsi donc l'état amoureux, qui peut se comprendre comme un moment privilégié de la rencontre, est aussi celui des rêves et, parfois, des illusions. Chacun est habité par l'image d'un être merveilleux qui serait son double ou, plutôt, sa moitié, exactement complémentaire avec lui et qui pourrait combler tous ses désirs. Illusion d'être faits l'un pour l'autre... Un tel être n'existe pas, mais les enthousiasmes du sentiment peuvent donner à croire qu'on l'a déjà rencontré.

Nous aimerons-nous assez pour supporter nos défauts ?

Il est donc souhaitable d'aller plus loin que les émotions et de fonder le couple sur d'autres bases que le sentiment. L'attrait spontané est nécessaire mais non suffisant. La décision de vivre ensemble doit s'appuyer sur des fondements plus solides. Cela suppose que l'on ose affronter avec lucidité les vraies questions :

– Saurons nous vivre ensemble la répétition du quotidien ?

– Nous aimerons-nous assez pour supporter nos défauts ?

– Pourrons-nous affronter ensemble les grandes difficultés de la vie : maladie, pauvreté, stérilité, chômage, mésententes... ?

– Avons-nous confronté nos conceptions sur la famille, sur l'éducation, sur la foi ?

– Suis-je capable de me dire non pas : « il (elle) changera » mais : « il (elle) ne changera pas ? »

« Deux êtres peuvent s'aimer au point de croire qu'ils s'appartiennent et se connaissent entièrement, qu'ils se donnent sans réserve l'un à l'autre, et c'est une illusion. » (Sigrid Undset)

LA GRANDE TRAVERSÉE

Mieux vaut donc être conscient que le mariage, comme toutes les grandes entreprises, est une aventure risquée. Fonder un foyer est un acte singulièrement audacieux, un pas dans l'inconnu. Comme le navigateur qui embarque pour une grande traversée, repérons les écueils les plus saillants.

– *L'accoutumance*. La vie quotidienne est faite de la répétition d'innombrables gestes et de paroles dont le sens risque de s'enliser dans l'habitude. Les gestes de tendresse eux-mêmes ne risquent-ils pas de perdre de leur sel en perdant de leur nouveauté ? Un époux marié depuis cinquante ans disait : « Il faut beaucoup d'imagination pour rester amoureux ».

– *L'emprisonnement*. Évoquons la boutade de Sacha Guitry : « Dans le mariage, l'homme et la femme ne font qu'un. La question est : lequel ? » Il arrive en effet que l'un des conjoints réduise la liberté de l'autre à son profit. C'est tout un art que de conduire ensemble la barque du couple. Un seul des deux dirige parfois, ce qui était supportable dans d'autres cultures mais ne l'est plus aujourd'hui. Il n'est pas facile de « marier » ensemble deux histoires, deux appartenances familiales, deux univers finalement.

– *Le parallélisme*. On peut être mariés extérieurement mais l'être plus ou moins intérieurement. L'alliance réelle des cœurs suppose beaucoup d'ingrédients : la confiance en l'autre, l'audace d'une parole vraie, l'attention aux attentes de l'autre et, surtout, la capacité de sortir de soi. Or il se trouve que souvent, pour diverses raisons, cette circulation de la parole et du désir n'a pas lieu, et que chacun reste enfermé dans sa bulle : permanence de l'attachement à l'un des parents, vies professionnelles envahissantes, malentendus, rancœurs, incapacité à trouver le langage approprié...

– *La guerre*. Il est terrible de constater à quel point le lieu de la plus grande proximité peut devenir celui des plus grands déchirements, des plus grandes souffrances et même, il faut bien le dire, des plus grandes violences. Le mariage a pu être défini comme « l'acte dramatique dans lequel deux étrangers se rencontrent et se redéfinissent ». Cela ne va pas sans heurts. Les phénomènes de violence conjugale sont beaucoup plus fréquents qu'on ne le dit ordinairement. Et il y a des violences morales, invisibles mais tenaces, où chacun met en place sa stratégie. Beaucoup de films racontent cela.

Mais est-ce parce que la traversée est dangereuse que le passionné de voile reste au port ? Toute grande entreprise est risquée. « Rien de grand ne s'est accompli dans le monde sans passion » (Hegel). Et l'on peut se demander si la réticence de nombre de jeunes adultes envers le mariage ne vient pas d'une certaine idéologie sécuritaire caractéristique de notre société. Recherche de la sécurité dans tous les domaines, assurances en tous genres, calcul des risques et des chances... Être prudent, raisonnable, ne pas s'exposer... Société contractuelle et calculatrice, où les actes généreux et audacieux comme donner sa vie, fonder une famille, s'engager « pour le meilleur et pour le pire » semblent relever d'un autre monde...

Huit partenaires

Dans un excellent ouvrage déstiné aux jeunes, Denis Sonet repère huit exemples de choix du partenaire quelque peu périlleux pour l'avenir.

Le Partenaire-naufragé
Celui qu'on épouse pour le sauver de la drogue, de l'alcool, de la débine (mariage Saint-Bernard). Mais pourra-t-on le porter toute une vie ?

Le Partenaire-substitut
Celui en qui on recherche le père ou la mère qu'on a beaucoup aimé ou qu'on aurait voulu avoir. Mais, si l'on devient adulte, aura-t-on encore besoin de lui ? Acceptera-t-il ce rôle paternel ?

Le Partenaire-béquille
Celui qu'on choisit pour combler ses manques : en force, en tendresse. Mais... si un jour on n'a plus besoinde ses services ?

Le Partenaire-miroir
Celui dans les yeux duquel on se reconnaît, se qui nous ressemble. Mais est-il aimé pour lui-même ?

Le Partenaire piédestal
Celui qu'on choisit pour exister parce qu'on a valeur à ses yeux ou à son bras. Mais, si un jour, on trouve beaucoup mieux ?

Le Partenaire-portefeuille
Celui qu'on a choisi pour ce qu'il a ; argent, moto, notoriété, et non pour ce qu'il est. Mais, si un jour il n' « a » plus ?

Le Partenaire-Refuge
Celui qu'on choisit pour fuir sa famille, ses problèmes, sa solitude. Mais, le mariage arrange-t-il tout magiquement ?

Le Partenaire-complice
Celui qui est choisi par la partie trouble, névrotique, de l'inconscient. Par exemple, le sadique choisi comme par hasard par la masochiste. Mais, n'est-ce pas dangereux ?

Denis Sonet, *Découvrons l'amour,* Droguet-Ardant, 1991.

UNE SAGE FOLIE

On peut pourtant marier... passion et sagesse. Un philosophe a pu qualifier le mariage de « sage folie ». Vouloir durer, être résolu à construire une histoire commune jusqu'à la mort ne relève pas seulement de l'inconscience ou de l'illuminisme. Il y a une grande sagesse à compter sur le temps, à vouloir unifier sa vie, à s'ouvrir ensemble à un avenir commun.

LE TEMPS, ÉPREUVE DE VÉRITÉ

Nous avons évoqué les écueils de l'imaginaire. Or, pour passer de l'imaginaire au réel, rien ne vaut la durée. Rien ne peut remplacer le lent travail des jours, invisible mais puissant comme celui des vagues de la mer. Avec le temps de la vie quotidienne, irrésistiblement, seront quittées les images superficielles du partenaire. Il faudra renoncer aux idéalisations, aux jeux de miroirs. Mais ce renoncement n'est pas malheureux. Il est même un bienfait, puisqu'il offre l'unique chance de découvrir l'autre dans sa réalité. Et cette réalité est beaucoup plus riche que ce que je pourrais en imaginer. Pour découvrir l'infini qui est en l'autre, il faut que j'accepte ses limites. L'infini n'est pas l'illimité mais ce que je n'ai jamais fini de découvrir. Aimer l'autre, c'est l'accueillir tel qu'il est, non seulement *malgré* ses défauts, mais *avec* ses défauts.

Pour vivre cela, pas de meilleur moyen que de consentir à rester en ce lieu unique, délimité et circonscrit par la parole donnée. En nous promettant fidélité, nous traçons en quelque sorte autour de nous comme un périmètre au sein duquel devra se jouer une partie impossible à esquiver : l'épreuve de la différence et de l'altérité de l'autre. Si l'idée demeure d'aller chercher ailleurs le compagnon idéal en cas de déception, si la porte est toujours entr'ouverte, cette expérience n'aura jamais lieu.

LE TEMPS, CHANCE DE CROISSANCE

Le temps, heureusement, n'est pas seulement une épreuve. Il est aussi le moyen de croître, de grandir et de construire. Car l'amour n'est pas seulement sentiment (subi), il est aussi construction (active). Il est œuvre, édification, réalisation. Il est ce chef d'œuvre à la portée de tous, y compris des plus humbles, les moins intelligents et les plus démunis. Réalisation d'une histoire commune que l'on écrit ensemble, d'une harmonie à nulle autre identique, de l'éducation ensemble des enfants. Or toute grande œuvre demande du temps. Si la croissance d'un arbre s'étend sur plusieurs vies, il faut bien une vie entière pour réaliser un véritable amour.

Notre culture pourtant n'aime pas beaucoup la notion de durée. Le temps, bien souvent, est considéré comme un ennemi. Une multitude de moyens sont offerts pour le « tuer » ou alors pour le remplir au maximum, en tirer le meilleur rendement. Culture de la vitesse, du « tout de suite », de la quantité. Et le vieillissement fait peur.

Tel n'est pas le temps de l'amour, qui serait plutôt apparenté au temps du jardinier. Celui-ci ne tire pas sur la plante pour la faire grandir. Il sait attendre. Il connaît la patience. Il sait aussi discerner le moment favorable pour chaque acte. L'Évangile le cite en exemple, de même que le vigneron. Comme le bon vin, l'amour a intérêt à vieillir. Aussi attendrissant soit un amour naissant, comment ne pas reconnaître qu'un amour qui a traversé toute l'histoire de deux vies est encore plus beau, chargé du poids impressionnant de la réalité ! Avec le temps, l'amour acquiert une saveur, une singularité, une charge de mystère sans égale. L'amour sait faire du temps un allié. « Le temps, tout le consume ; l'amour seul l'emploie » (Paul Claudel).

Il n'est pas suffisant de dire que l'amour soit la condition ou la cause de la durée (« On reste ensemble parce qu'on s'aime »). Il en est aussi le fruit, et même le but. Un époux écrivait un jour à son épouse : « Je t'ai épousée *pour* t'aimer ». C'est ce que dit aussi la belle formule du rite de mariage : « Je te reçois comme époux (épouse) et je me donne à toi, *pour* nous aimer fidèlement, dans le bonheur comme dans les épreuves et nous soutenir l'un l'autre, tout au long de notre vie. » L'amour est à l'horizon du chemin commun. Il est en avant de nous, et non en arrière. Il est déjà là et pas encore ; il advient, il est *à-venir*, commencement et non résultat. Un poète (Pablo Neruda) a pu écrire : « *Je t'aime afin de commencer à t'aimer* ».

LA RECONNAISSANCE DE L'AUTRE COMME UNIQUE

La joie d'aimer et d'être aimé vient de ce que chacun y est reconnu pour ce qu'il est, c'est à dire unique. « Aimer quelqu'un, c'est l'aborder comme unique au monde » (Emmanuel Levinas). Cette expérience est rare, car la vie quotidienne nous engage le plus souvent dans des relations de fonction où chacun fait nombre avec les autres. L'unique, c'est l'autre comme personne (tel est le sens de ce mot : la personne, c'est ce qui n'est « comme personne »). Mais que veut dire percevoir l'unicité de l'aimé(e) ? Est-ce seulement observer qu'il se distingue des autres par quelques traits particuliers (couleurs des yeux, forme du nez ou du menton, voix, intelligence...) ? Mais ces traits particuliers ne sont pas lui (elle). Ils peuvent eux-mêmes entrer dans une collection. Être unique, ce n'est pas seulement être original.

Aborder quelqu'un comme unique au monde, c'est le reconnaître comme *irremplaçable*. C'est donc accepter de s'engager avec lui (avec elle) dans une relation elle-même unique, elle même irremplaçable, sans équivalent, prioritaire. En ce sens, aimer c'est préférer. Faire passer avant : avant les autres, avant soi-même. Cela ne veut pas dire que l'autre soit tout pour moi, mais que son bien, son bonheur, sa joie de vivre deviennent ma première tâche, mon premier désir. Et, puisque je n'ai qu'un corps, comme elle-même n'a qu'un corps, que la relation charnelle, qui engage la totalité du corps, soit elle-même exclusive. « Elle était venue vivre avec lui pour que son corps devienne unique et irremplaçable » (Milan Kundera). Ce désir est légitime. Il n'est pas le fruit d'une médiocre jalousie mais l'expression d'une très profonde aspiration à l'unicité et à la réciprocité.

DE L'ASSOCIATION À L'ALLIANCE

Nombreux sont , parmi les jeunes, ceux qui désirent réaliser cela. Beaucoup vivent, à leur mesure, une certaine expérience de fidélité. La plupart n'envisageraient pas d'avoir plusieurs partenaires à la fois. Et les couples durent... un certain temps. Mais cette durée est bien précaire. La majorité des cohabitants ne dépassent le cap des dix ans. Et pourquoi pas cette précarité, diront certains, pourquoi ne pas se contenter de durer au jour le jour ?

Il y a là une alternative. Deux conceptions de la fidélité peuvent ici être distinguées. Je perçois en effet une différence importante :

Entre la fidélité *souhaitée* et la fidélité *voulue* ;

Entre la fidélité *résultat* et la fidélité *résolue* ;

Entre la fidélité *conditionnelle* et la fidélité *inconditionnelle* ;

Entre la fidélité au *présent* et la fidélité à *l'avenir* ;

Entre la fidélité *d'association* et la fidélité *d'alliance*,

Entre *se prêter* et *se donner*.

Si je rencontre quelqu'un que j'aime plus que toi, on se sépare...

Dans la fidélité de type « associatif », chacun reste maître de son jeu. Si, un jour, il a le sentiment que la balance des avantages et des inconvénients de la vie commune penche en sa défaveur, il s'en ira. Une telle conception est très conforme à la logique qui domine (parfois de manière fort légitime) notre société, celle du *contrat*. Celui-ci est une convention rationnelle qui prévoit le plus souvent les conditions de sa propre dissolution et n'implique que l'autonomie des volontés. Le contrat repose sur la logique de *l'équivalence*, qui est, au fond, celle de l'intérêt bien compris. En voici deux exemples significatifs.

Le Contrat

– ***Louise*** : Je te propose un contrat : Si jamais je rencontre une personne que j'aime plus que toi ou qui m'attire plus que toi, je te le dis et puis on se sépare sans faire d'histoires.
– ***Rémi*** : Je ne vois pas où est le contrat ; c'est tout-à-fait à mon désavantage ; qu'est-ce que j'aurais en échange ?
– ***Louise*** : La certitude que je t'aime plus qu'aucun autre puisque, malgré mes efforts, je ne peux pas te trouver de remplaçant.
– ***Rémi*** : Tu en trouveras forcément.

Extrait du film d'Éric Rohmer : *Les nuits de la pleine lune.*

Une pratique américaine

Aux États-Unis se développe la pratique du contrat de mariage individuel, négocié par les deux signataires en fonction de leurs besoins et de leurs désirs propres, de leurs interrogations.

Le contrat est en général enregistré chez un notaire, et, selon les cas, peut être ou non suivi d'un mariage à la mairie. Les deux conjoints conviennent alors qu'ils sont liés par les clauses du contrat, même si elles n'ont pas valeur légale aux yeux de l'État. Voici, à titre d'exemple, un contrat parmi d'autres signé en 1976 par deux jeunes Américains de l'État de l'Ohio.

1. *Définition* – Pour Paul et Mary, le mariage est un engagement, affectif, spirituel et social. Par ce contrat, ils s'engagent à vivre ensemble pendant un temps donné, à approfondir leur union, à partager leur amour et leurs expériences.

2. *Durée du contrat* – Ce contrat est d'une durée de cinq ans. A la fin de la période, il pourra expirer ou être renouvelé. Ses termes pourront en être renégociés.

3. *Signature du contrat* – Ce contrat sera signé le jour qui semblera le plus commode aux deux parties. La signature ne sera accompagnée d'aucune cérémonie. Ceci étant une affaire privée, les parents ni les amis ne seront invités.

4. *Conditions de la vie commune* – Paul et Mary habiteront ensemble. Ce qui n'exclut pas de vivre en communauté avec d'autres. Toutes les tâches de la maison seront partagées. (...). Paul s'occupera de la voiture de Mary. En échange, Mary fera la couture et le raccommodage pour Paul. (...)

5. *Finances* – Paul et Mary partageront, à égalité, toutes les dépenses courantes : loyer, charges de la maison, nourriture. Chacun conservera son compte en banque et évitera de dire à l'autre comment dépenser son argent. Si Paul et Mary veulent épargner pour un projet commun, ils ouvriront un compte commun à cet effet. (...)

8. *Fidélité* – Les relations sexuelles de Paul et Mary ne seront pas exclusives. Celui qui choisit d'avoir des relations sexuelles avec une tierce personne n'est pas tenu d'en informer l'autre. Il est cependant jugé préférable de ne pas en faire un

secret, afin de ne pas interrompre la communication entre Paul et Mary. Ceux-ci sont d'accord pour garder aux relations avec des tiers un caractère secondaire par rapport à la relation principale.

9. *Nom* – Cette relation étant celle de deux individus autonomes, Paul et Mary ne souhaitent pas un nom qui transforme l'un des deux en un appendice de l'autre. Mary s'est battue suffisamment longtemps pour établir son identité. Elle refuse donc d'abandonner son nom et ne sera jamais présentée aux autres sous le nom de Mme Paul Smith.

Jacques Salomé, *Parle-moi, j'ai des choses à te dire*, Éditions de l'Homme, 1982.

Une telle perspective, que l'on peut qualifier de « contractuelle », n'est pas celle de l'alliance. *Faire alliance* ne se limite pas à passer contrat ou à s'associer. *Alliance* est le mot qui, dans le vocabulaire, désigne le plus fort des liens humains. Dans ses usages les plus anciens, le mot désignait un pacte guerrier. Elle était donc une solidarité « à la vie et à la mort ». La rompre, c'était s'exposer à mourir. Pris en son sens moderne, pacifique et conjugal, le mot garde cette signification d'engagement total et sans retour. *L'alliance, c'est le don réciproque* de deux libertés, et pas seulement une mise en commun d'intérêts.

Faire alliance, c'est s'engager à affronter ensemble des combats de la vie, au-delà du prévisible et du planifié. Nous ne sommes pas maîtres de toutes les données de ce combat. Il peut y avoir la maladie, le chômage, les crises, les difficultés de tous ordres, dans l'éducation des enfants en particulier. Mais nous décidons que nous serons solidaires. Nous ne savons pas ce que sera notre avenir mais nous décidons qu'il sera commun. Nous mettrons en commun non seulement ce que nous avons mais ce que nous sommes. Notre être profond en sera modifié. C'est cela, devenir « une seule chair ».

Rémi se pose sans doute deux questions :

1°) - *Cela est-il souhaitable ?* Est-il bon de se lier ?

2°) - *Cela est-il possible ?* Peut-on s'engager à aimer ?

EST-IL BON DE SE LIER ?

L'attachement à l'autre libère de la première prison, celle du moi.

Un fil à la patte : c'est ainsi que certaines considèrent le lien d'alliance. Le mot « lien » lui-même n'a d'ailleurs pas très bonne presse aujourd'hui. Beaucoup l'associent à des termes comme *chaîne, entrave, bride, attache...* Notre culture et notre société incitent à privilégier l'autonomie, l'indépendance, l'individu. Pourquoi donc perdre cette sacro-sainte indépendance pour se plier aux préférences, au caractère et au tempérament du partenaire ? Car, il ne faut pas se le cacher, la vie commune suppose une bonne dose de renoncements. Mais c'est ici que le négatif se renverse en positif. Tous ces petits (ou grands) renoncements sont une occasion sans pareille de dépasser la principale entrave à une liberté véritable : l'attachement à soi, c'est à dire la soumission à ses propres manies, penchants, habitudes. L'attachement à l'autre libère de la première prison, celle du moi. L'aimé(e) me tire en avant de moi-même. Le lien à l'autre me délie de moi-même sans pour autant m'aliéner. Au contraire, dans le don, je trouve la vraie vie ; dans l'amour je me trouve en me quittant. J'expérimente cette vérité très ancienne et toujours nouvelle selon laquelle « il faut perdre sa vie pour la sauver », tandis que « qui veut sauver sa vie la perdra » (Luc 9, 24). Puisque la vie est don, la donner et la recevoir sont tout un. Ceci est au cœur du christianisme.

> *« Car c'est en donnant que l'on reçoit,*
> *En s'oubliant soi-même que l'on se trouve soi-même,*
> *En pardonnant que l'on obtient le pardon,*
> *En mourant que l'on ressuscite à la vie éternelle ».*
>
> St François d'Assise

Ainsi donc, accepter d'être lié, ce n'est pas seulement se mettre « la corde au cou » ou sacrifier à une convention. C'est entrer, par une porte très ordinaire, dans la plus extraordinaire aventure spirituelle qui soit, celle du « passage à l'autre », c'est-à-dire de la vie offerte. « Il n'y a pas de plus grand amour que de donner sa vie pour ceux qu'on aime » (Jean 15, 13).

S'ENGAGER À AIMER ?

Tout cela est bien beau, mais est-ce réalisable ? Est-il vraiment possible de se donner l'un à l'autre ? Comment savoir si une telle intention peut durer toute la vie ? Que savons-nous de notre amour dans vingt ans ?

Il faut en effet être réalistes et se méfier des idéalisations, aussi bien spirituelles que sentimentales. « Se donner » est un bien grand mot, à utiliser avec modération. Chacun reste lui-même, avec ses limites, ses défauts, son histoire. L'engagement réciproque ne changera pas tout comme par un coup de baguette magique. Mais, précisément, le réalisme invite à mieux percevoir ce qui est en jeu dans la construction du lien. Et, bien loin d'éloigner de la perspective de l'alliance, il en montre encore mieux la valeur et le sens.

Il faut savoir tout d'abord que l'engagement du mariage ne porte pas sur les résultats mais sur les moyens. Les époux ne se promettent pas de réussir leur union mais de *prendre les moyens* de la réussir, c'est à dire de la faire grandir. C'est bien parce qu'aujourd'hui ils connaissent la fragilité de leur amour qu'ils s'engagent à poser les actes quotidiens très concrets qui lui permettront de se consolider et de se réaliser. Nous savons bien que nous ne sommes pas maîtres de l'avenir ; c'est pourquoi, dès aujourd'hui, je te promets de poser tous les actes qui sont en mon pouvoir pour que tu sois heureuse. « Demain est un autre jour mais, autant que ma volonté me le permet, je dispose que demain sera tien ; je t'en donne le gage, je m'engage » (Evelyne Sullerot).

Ma volonté n'est pas toute puissante, mais elle n'est pas nulle non plus. C'est elle qui me conduira à poser ces petits gestes de la vie quotidienne (prévenance, entr'aide et secours mutuel) qui font que l'on est réellement solidaires. Croire en la capacité de promettre, c'est croire en la liberté et en sa capacité d'orienter une existence.

Le mot « volonté » n'est pas très bien reçu aujourd'hui. La culture moderne l'a dévalorisé. C'est pourtant un très beau mot, beaucoup plus proche qu'on ne le croit du mot « amour ». L'amour n'est pas seulement un sentiment, il est aussi une décision, une orientation, une priorité concrètement accordée à l'autre. Lisons attentivement trois formules très simples qui tentent de dire l'essentiel de l'amour. Nous n'aurons pas de mal à en repérer le fil conducteur :

– *Aimer, c'est vouloir le bien de l'autre*

Saint Thomas d'Aquin

– *Aimer, c'est vouloir l'autre comme sujet*

Gabriel Madinier

– *Aimer, c'est promettre et se promettre de ne jamais user envers l'autre de moyens de puissance*

Jean Lacroix

Si nous tenons parole, la parole nous tiendra.

C'est en étant capable de promettre et, ensuite, de tenir ses promesses que l'homme se construit. Sur le roc de la parole donnée pourra se construire une histoire unifiée où tout ne sera pas constamment susceptible d'être remis en question. Dans la promesse, non seulement je fais confiance à l'autre mais encore je m'engage à devenir moi-même *fiable*, c'est à dire digne de foi. C'est ainsi que l'on grandit. Si nous tenons parole, la parole nous tiendra.

Chacun, bien sûr, évoluera. Mais pas de manière tout à fait indépendante ! Si la vie quotidienne commune n'est pas simple parallélisme entre deux histoires, la transformation de chacun et de chacune se fera en fonction de l'autre. L'histoire d'un couple est une alternance de décalages et d'ajustements permanents. Chacun devra « épouser » les hauts et les bas, les élans et les pannes, les « coups de vieux » et les renouveaux de l'autre. S'il y a souvent beaucoup d'illusions à croire que « l'on était faits l'un pour l'autre », il y a en revanche beaucoup de réalisme à savoir que l'on peut se faire l'un par l'autre. Ce qui explique qu'à la fin de leur vie, comme chez Alphonse Daudet, les « vieux » en viennent parfois à se ressembler...

L'amour est l'essentiel mais il n'est pas tout. Il est nécessaire mais il n'est pas suffisant. L'unicité et l'harmonie sont aussi le fruit d'actes de paroles qui donnent forme au don mutuel. On peut en repérer quatre :

– *La reconnaissance :* « C'est toi ! Je te reçois comme unique » ;

– *L'aveu :* « Je trouve en toi ma joie » ou « j'ai manqué à notre amour » ;

– *La promesse :* « Je m'engage à t'accueillir chaque jour » ;

– *Le pardon :* « Je renouvelle ma reconnaissance et ma confiance ».

Ces « actes de parole », qui ne sont pas seulement des mots mais des pas vers l'autre, ne seront pas posés une seule fois. Ils alterneront et se répéteront, dans des ordres différents, à chaque étape de la vie du couple, à chacun de ses tournants et, finalement, chaque jour. Combien de temps faudra-t-il pour qu'ils s'incarnent ? Le présent, à l'évidence, ne suffit pas pour les poser en vérité. Il ne faut pas moins d'une vie entière pour apprendre à aimer.

JE, TU, NOUS

Le doute de Rémi réapparaît peut-être ici : qui donc est capable de vivre à ce régime ? Ceci n'est-il pas au-dessus de nos forces ? Je sais mes faiblesses, je me connais, très attaché à moi, à mes habitudes et à mes goûts. Pourrai-je me changer par autosuggestion ? « Chassez le naturel, il revient au galop »...

Il est bon de connaître ses faiblesses. Meilleur que de s'imaginer, tel un Tartarin, capable d'escalader allègrement les plus hauts sommets du don de soi. La fidélité est d'abord une école d'humilité. Mais une telle conscience de ses limites ne doit pas décourager. Se savoir faible peut conduire à découvrir une autre dimension de l'amour, celle de l'accueil d'un souffle qui vient de plus loin que nous, d'un dynamisme dont nous ne sommes pas les inventeurs et qui est précisément *la force d'aimer*.

Au regard de la foi, cette force vient de Dieu, elle est la vie même de Dieu, qui est *don* et qui nous est donnée dès que nous nous ouvrons à elle. Ainsi se révèlent à travers nos vies de réserves inépuisables d'amour qui, malgré nos limites, nos entraves et nos blessures se donnent comme une « grâce » (ce mot en latin signifie « cadeau ») au moment où elles sont nécessaires. « Car c'est Dieu qui opère en vous le vouloir et le faire » (Philippiens, 2, 13).

Dans la relation d'alliance, nous ne comptons pas que sur nos propres forces. Faire alliance, c'est donner naissance à une troisième vie qui grandit entre je et tu, à un nous qui résulte de l'union de nos deux libertés, tout en les dépassant. Ce *nous* n'est pas englobant ; il ne s'agit pas de « ne faire qu'un », comme on le dit trop rapidement parfois. Nous restons distincts et différents mais chacun cesse d'être le centre de son monde pour s'ouvrir à une vie nouvelle qui est le premier fruit de notre amour et dont les enfants seront, en quelque sorte, l'incarnation.

> *« Dans l'amour vrai, on est*
> ***Un** parce que l'amour nous unit ;*
> ***Deux** parce que l'amour nous respecte ;*
> ***Trois** parce que l'amour nous dépasse ».*
>
> M.D. Molinié

Chapitre 3

COHABITER ?

Nous avons cinquante ans et trois enfants. Notre aîné est marié, mais les deux plus jeunes se sont mis progressivement à « cohabiter ». Pour le second, nous avons d'abord résisté mais, pour le troisième, nous nous sommes vite résignés. Les relations avec eux ainsi qu'avec leurs compagnes sont bonnes et il faut bien reconnaître que leur mode de vie n'est guère différent de celui de l'aîné. Nous préférerions pourtant qu'ils se marient, mais nous ne savons pas comment le leur dire, ni même, parfois, qu'en penser. La différence entre concubinage et mariage est-elle importante ?

François et Madeleine

On n'est pas mariés mais c'est tout comme.

Le concubinage n'est pas aujourd'hui ce qu'il était il y a vingt ans, une conduite marginale et anticonformiste mais, bien plutôt un choix intermédiaire entre mariage et non mariage, une formule de transition en quelque sorte. « On n'est pas mariés, mais c'est tout comme », répondait une jeune fille lors d'un jeu télévisé. Souvent il s'agit moins d'un parti-pris contre le mariage que d'une préférence pour les passages en douceur, les évolutions discrètes, les itinéraires individualisés, qui correspondent mieux aux valeurs actuelles. Insensiblement on quitte le domicile familial, progressivement on se « met en ménage », sans cérémonie mais aussi sans engagement solennel.

Il est bien sûr difficile d'évaluer une telle conduite, intermédiaire, aux options peu tranchées et se présentant avec un souriant naturel. D'autant plus que, derrière un terme unique, peuvent se dessiner des conduites et des intentions fort différentes.

DISCERNER

Selon les individus et selon les situations, diverses peuvent être les significations de la cohabitation. Nous en discernerons cinq, qui traduisent autant d'attitudes vis-à-vis de l'amour et du mariage.

L'union libre, sans aucune idée d'engagement. Vivre au jour le jour, sans se sentir liés.

Le souhait de durer, en dehors de toute notion de mariage. « Nous évitons les formules qui évoquent le mariage. Nous ne parlons pas de vie commune jusqu'à la mort. Mais peut-être admettons-nous cependant cette idée au fond de nous... Nous ne voulons pas dire que nous allons passer notre vie ensemble, mais peut-être est-ce ce que nous allons faire. »

Le mariage à l'essai. L'idée de mariage est acceptée, mais on veut procéder empiriquement, expérimentalement. On souhaite mieux connaître le partenaire, vérifier l'attente et l'accord des caractères...

Une étape vers le mariage. Celui-ci est à l'horizon, il semble certain que l'on se mariera tôt ou tard, d'autres pas ont été franchis, le déménagement pour une vie commune quotidienne en est un nouveau.

La simple anticipation de la date du mariage, pour des raisons présentées comme pratiques : « Nous avons décidé de nous marier mais nous préférons le faire en été. Nous nous marierons donc en juillet ; en attendant, autant commencer. »

Il est évident que chacune de ces conduites appelle un regard approprié et pose des questions spécifiques. Or il s'avère que le mariage non plus n'a pas toujours été monolithique et identique à ce qu'il est maintenant. Il arrive même que les jeunes cohabitants, en particulier ceux qui se dirigent tout doucement vers le mariage, fassent sans le savoir un travail d'historiens et d'ethnologues. Ils redécouvrent peut-être des formes anciennes et traditionnelles du mariage, parfois même des rites oubliés.

LE NOUVEAU ET L'ANCIEN

A travers les âges, le mariage n'a pas toujours eu la forme définie que nous lui connaissons. Son rituel, c'est-à-dire la cérémonie et les gestes symboliques qui l'accompagnent, ont mis des siècles à se définir. L'échange des consentements n'a officiellement été choisi par l'Église catholique qu'au XIIe siècle, tandis que la cérémonie à l'église n'est devenue obligatoire qu'au XIe et condition de validité qu'au XVIe siècle, au Concile de Trente. Entretemps, se marier sans cérémonie (« clandestinement ») était une faute, mais le mariage était considéré comme valide. Chez les chrétiens d'Orient, la cérémonie liturgique était obligatoire depuis de VIIIe siècle.

Pendant le premier millénaire, les chrétiens ont adopté les coutumes matrimoniales des pays dans lesquels ils se trouvaient. Un document important du

IIe siècle, *l'Épître à Diognète* contient une phrase significative : « Les chrétiens se marient comme tout le monde ». Or, à travers les régions et les cultures, les rites d'inauguration du mariage ont varié. Évoquons les principaux, qui se groupaient parfois en séries de deux ou trois, plus ou moins étalés dans le temps :

– La signature d'un contrat,
– Un échange de cadeaux,
– Le don des anneaux,
– Le partage d'un repas ou d'un mets symbolique entre les familles,
– La procession d'une maison à une autre,
– La remise de la fiancée entre les mains du fiancé,
– L'union charnelle elle-même,
– L'échange des consentements,
– Une cérémonie religieuse, aux formes variables,
– Le simple fait de cohabiter pendant un certaine durée.

Nombre de ces rites se rencontrent encore dans les cultures traditionnelles, en Afrique par exemple. L'échange des consentements, qui était le rite principal dans la Rome classique, s'imposa peu à peu dans l'Église catholique mais il ne fut officiellement choisi par l'Église romaine qu'au XIIe siècle. Plusieurs peuples, Germains et Francs notamment, ont longtemps privilégié l'union charnelle. La cohabitation eut également de l'importance à Rome et chez les juifs. Au Moyen-Âge encore, un proverbe s'entendait en France :

« Boire, manger, coucher ensemble,
C'est mariage ce me semble »

L'Église a choisi l'échange des consentements en raison de la clarté et de la liberté de cet acte : dire « oui ». Elle en a peu à peu valorisé et mis en avant la dimension ecclésiale à travers la liturgie. Mais il n'est pas sans intérêt de découvrir ou redécouvrir d'autres rites, c'est-à-dire d'autres gestes symboliques qui, eux aussi, marquent des pas ou des passages. Les premières relations sexuelles, un déménagement, ou le commencement de la vie commune peuvent, au moins partiellement, jouer ce rôle.

C'est ainsi que certains redécouvrent une sorte de mariage par étapes. Celui-ci, selon les historiens, fut le plus répandu dans l'antiquité et dans nombre de cultures. « Il est celui des droits sémitiques, du monde musulman, des droits traditionnels africains et de populations du Pacifique » (Jean Gaudemet). Il est au fond assez étonnant que, jusqu'à une période récente, on ait trouvé naturel de vivre en une seule journée un nombre considérable d'événements :

- départ du domicile parental,
- consentement à la mairie,
- consentement à l'église
- premières relations sexuelles,
- commencement de la vie commune.

Cette unité, certes, était chargée de sens. Mais il faut bien avouer que la pratique ne manquait pas d'audace, voire de témérité. Avec la montée des attentes subjectives et affectives à l'égard du couple, il ne paraît pas aberrant de vouloir procéder progressivement, en intégrant une certaine gradation dans la démarche.

La cohabitation peut alors se comprendre dans le prolongement des fiançailles qui étaient bien, à l'origine (en Israël et à Rome), un premier temps du mariage. Deux points communs sont repérables entre la pratique de certains cohabitants et les fiançailles traditionnelles :

– Comme les fiancés, ils posent un premier engagement, moins fort que le mariage mais, pour certains du moins, le préparant.

– Comme les fiancés, ils manifestent à l'extérieur leur lien. Les fiançailles étaient – et sont – une cérémonie familiale (comme le mariage lui-même dans l'antiquité). La cohabitation, elle aussi, est souvent accompagnée de rites familiaux, discrets mais porteurs de sens :

– inviter son compagnon (ou sa compagne) à l'anniversaire du grand-père,

– offrir des cadeaux aux membres de la famille à l'occasion d'une fête,

– faire se rencontrer les parents...

La grande différence porte évidemment sur l'habitation commune, et particulièrement sur les relations charnelles. S'indique là un choix de valeurs différent des fiançailles, dans la mesure où ces dernières supposaient la continence, la distance et le sens de l'attente. Il n'est pas certain, finalement, que l'attitude profonde soit la même. *Cohabitation ou fiançailles ?* A plusieurs égards se présente là une alternative concernant la relation à la décision, à l'institution et au lien conjugal lui-même.

DES QUESTIONS DEMEURENT

SUR LE SENS DE LA DÉCISION

La cohabitation privilégie les processus continus par lesquels on passe insensiblement, comme en glissant, d'une situation à une autre : premières tendresses, premiers aveux, séjours ensemble, relations sexuelles, vie commune... Cette continuité n'est pas sans atouts et correspond au goût actuel pour les transitions en douceur, les conduites expérimentales et les pas mesurés. Mais elle laisse dans l'ombre certains points importants, à commencer par celui-ci : *A quel moment une décision est-elle prise* ?

« Décider » vient d'un verbe latin qui signifie « trancher ». La décision est l'acte même de la liberté, sa mise en œuvre, le passage du possible au réel. Or, lorsqu'on se laisse conduire par des processus continus, il n'est pas évident qu'une liberté s'engage. S'agit-il vraiment de décision ou d'obéissance à des phénomènes psychiques ? « On verra bien si ça marche » : cette parole significative de certains amoureux peut faire penser à celle d'un personnage de Samuel Beckett : « Quelque chose suit son cours ». Qui est ce « on » ? Qui décide ? Qui commande ? « Ça », apparemment, c'est-à-dire l'ensemble des interactions entre deux affectivités, deux tempéraments, deux caractères. Le sentiment gouverne, à égalité avec les circonstances, l'éducation, les pentes naturelles... L'union devient une conséquence plus qu'un but, un état de fait plus que l'objet d'une volonté.

Les couples qui marchent sont ceux qui font marcher.

La volonté pourtant est déterminante. Nous avons vu que, si elle n'est pas suffisante, elle est irremplaçable. Elle n'est pas tout mais elle nécessaire. « Les couples qui marchent sont ceux qui font marcher » (France Quéré). Or, il se trouve que cette volonté sera beaucoup plus forte si elle est capable de s'exprimer et de se rassembler dans une décision explicite, prenant alors la forme d'une promesse, c'est-à-dire d'une parole qui ouvre un avenir et devienne une référence, un point d'appui. Quoi que l'on puisse dire de la vertu des engagements progressifs, il y aura toujours une différence entre avoir ou ne pas avoir prononcé, publiquement et devant témoins, les paroles traditionnelles toujours aussi impressionnantes : « Veux-tu être ma femme ?... Veux-tu être mon mari ?... Je te reçois comme épouse et je me donne à toi. »

Le couple ne repose pas seulement sur l'aveu, mais sur la promesse. Or celle-ci est un acte de parole explicite qui ne prend toute sa dimension qu'en dépassant le cadre de la stricte intimité. D'où une seconde question.

SUR LE SENS DU RITE

Il n'est pas dans la nature de la promesse de rester cachée. Tel serait plutôt le cas de l'aveu, qui relève de l'intimité. Mais la promesse est un commencement, un acte fondateur qui donne naissance à une nouvelle réalité : le *lien* entre les personnes. Pour devenir réel, celui-ci appelle un contexte plus clair et plus consistant que la seule subjectivité des amoureux. Il doit acquérir une certaine objectivité. D'où l'importance de l'oreille des témoins. La parole alors n'est pas seulement liée au seul corps qui l'a émise, elle se loge en d'autres mémoires. Elle tend à produire ce qu'un psychanalyste dénomme « effet de lettre », c'est-à-dire son inscription non seulement dans la mémoire mais dans l'écriture, qui l'arrache à la fugacité du temps. Eh oui, même signer un registre a du sens !

« Il faut des rites, c'est trop oublié », dit le Renard au Petit Prince. Un certain romantisme cependant, depuis deux ou trois décennies, a tendance à déprécier ces derniers. Nous ne sommes pourtant pas les inventeurs, de part en part, de notre existence. Nous recevons de la société infiniment plus que nous ne donnons. Les paroles et les gestes d'une cérémonie apportent à nos actes une forme qui n'est pas vide. Ils sont déjà chargés de sens. C'est pourquoi la fête et la célébration des noces sont autre chose qu'une simple « régularisation ».

Le mariage fait partie de ces « rites de passage » qui, aux yeux de beaucoup d'observateurs, manquent aujourd'hui à notre société. Le rite de passage accompagne et souligne un changement de vie, lui apportant l'appui du groupe social et renforçant ainsi son sens. Dans cette perspective, une psychologue reconnaît trois fonctions principales au mariage :

– Il marque la séparation des jeunes vis à vis de leur famille d'origine, séparation moins facile qu'il n'y paraît. La fête souligne le versant heureux de cette séparation, transformant ce qui pourrait apparaître comme un moment de deuil en une occasion de réjouissances.

– Il exprime le soutien de la communauté familiale, amicale et locale aux nouveaux époux, notamment dans leur désir de devenir parents à leur tour, prenant ainsi leur place dans la chaîne des générations. Les cadeaux, qui ont peut-être plus de sens qu'on ne le croit parfois, confirment cette solidarité.

– Il offre à la vie conjugale qui commence un cadre qui jouera entre l'homme et la femme le rôle d'intermédiaire et de repère stable. La reconnaissance de règles protège le couple d'une vision trop exclusivement affective ou même fusionnelle de la vie commune.

Pourquoi se priver des *noces*, qui sont peut-être de toutes les fêtes la plus emblématique ? Quelle image plus symbolique de l'humanité en fête qu'un repas de noces ? Une communauté d'un jour réunissant deux familles et une nuée de proches se rassemble, parfois de loin, pour célébrer l'événement fondateur de tout lien social : l'union de deux sujets et, au-delà, de deux lignées. Pas de meilleur ciment de l'unité du groupe social, nous disent les spécialistes des civilisations traditionnelles, que ces fêtes qui marquent l'alliance entre les « clans ».

L'appoint du sacré

« Il faut ceindre de grandeur une décision qui aspire à être grande et belle. En rejetant l'appoint du sacré, les nouveaux usages sombrent dans une nouvelle incohérence : ils prétendent conserver aux sentiments leur puissance inaugurale, mais ils les privent d'inauguration. Ils détruisent le seul cérémonial par où la société rend hommage au mouvement des cœurs ».

France Quéré, *La famille*, Le Seuil, 1990.

SUR LE SENS DE L'ATTENTE

Jeunes et adultes sont aujourd'hui sensibles au fait que les grandes choses doivent se préparer. Se connaître, ne pas s'engager à l'aveuglette ou sur un

« coup de tête », ces principes de sagesse sont généralement admis. C'est ce qui rend sympathiques à beaucoup l'idée de « mariage par étapes ». Mais, si l'on s'arrête un peu sur le sens de l'expression « se préparer », on découvre qu'elle peut prendre deux significations, correspondant pratiquement à deux voies qui expriment et reflètent deux attitudes bien différentes : essayer et attendre.

- **Essayer**

Correspond le plus à maints traits de la mentalité actuelle qui privilégie l'expérimentation, le constat, la vérification. Voir d'abord, juger ensuite. La place prise dans notre culture par les sciences expérimentales fait sûrement partie des facteurs qui favorisent une telle démarche. Mais il n'est pas certain que, dans le domaine de la vie de couple, expérimenter ait beaucoup de sens. Qu'est-ce donc qui est finalement essayé ? N'est ce pas l'autre, le partenaire ? N'y a-t-il pas un fond de méfiance, ou de défiance, dans cette attitude ?

La cohabitation, une défiance ?

« Je constate que la cohabitation, quand on prend le temps d'écouter les jeunes, est le signe d'une défiance radicale. Ils se défient d'eux-mêmes, en se disant : « Vais-je être capable de rendre heureux pour la vie entière un conjoint ? » ; ils se défient du conjoint : « Sera-t-il apte à m'aider à être fidèle, à inventer au jour le jour un amour toujours nouveau ? » ; ils se défient de la société qui souvent, pensent-ils, ne peut être que ce qui va les emprisonner dans un quadrillage d'interdits, qui va les empêcher d'épanouir leur spontanéité ».

En résumé, la cohabitation est le signe d'une défiance de fond envers la vie. Or, je ne pense pas qu'on puisse construire durablement sur une défiance.

Xavier Thévenot, « Étique chrétienne du mariage, enjeux et points de repère », *Masses Ouvrières* n° 439, 1991.

Et, pratiquement, à partir de quand un essai sera-t-il concluant ? La vie en couple peut très bien « marcher » pendant la période d'essai et plus du tout à partir du moment où l'on est marié. La décision de se marier apportera toujours un élément nouveau. Il y aura toujours un écart entre l'avant et l'après. Une décision est toujours un saut dans l'inconnu. On ne peut pas être à la fois acteur et spectateur de sa vie. Pendant la période d'essai, le regard de spectateur viendra toujours quelque peu modifier les données.

Ce n'est pas parce que ça marche à l'essai, que le mariage est garanti.

Ceci est vrai des relations sexuelles elles-mêmes. L'opinion est très répandue qu'il serait bon d'« essayer » avant le mariage, pour savoir si une harmonie est possible sur ce plan. Cela peut être exact dans certaines situations ou pour certaines personnalités. Mais, d'un point de vue général, cette idée est discutable.

> *« L'expérience sexuelle avant le mariage ne garantit en rien l'harmonie sexuelle durant le mariage, et encore moins la réussite du mariage, puisque le bonheur conjugal ne tient pas à la seule entente sexuelle. D'une part, en effet, l'harmonie sexuelle peut exister avant le mariage et disparaître après, parce que la situation est bien différente dans les deux cas et parce que les êtres eux-mêmes évoluent. D'autre part l'accord sexuel pourrait faire défaut avant le mariage sans que cela prouve que cet accord ne puisse naître avec le temps. »*[3]

Dans la cohabitation, les petites choses de la vie quotidienne, qui certes sont très révélatrices, peuvent aussi jouer le rôle de « l'arbre qui cache la forêt ». Il y a tant de questions pratiques, tant de problèmes à résoudre, tant de difficultés à surmonter dans les premiers temps de la vie commune que tous ces défis risquent de distraire les questions essentielles. Quel est mon désir ? Où en est ma vocation ? Qui est l'autre pour moi ? Ma décision est-elle libre ?

Enfin, pour ceux qui accordent crédit aux arguments objectifs et statistiques, voici une donnée irrécusable quoiqu'étonnante. Il s'agit de la corrélation entre le taux de divorces et le fait d'avoir ou non cohabité avant le mariage. Dans l'optique « expérimentale » de la mentalité régnante, on pourrait croire que la cohabitation entraîne un moins grand nombre de divorces. Il n'en est rien. Aussi surprenant que cela puisse paraître, les couples qui ont cohabité avant le mariage divorcent davantage. Selon les statistiques de l'Ined (Institut National d'Études Démographiques), on dénombre dans les dix années qui font suite au mariage, 12 % de ruptures dans les cas des mariages « directs » et 15,6 % de ruptures dans le cas des mariages ayant fait suite à une cohabitation.

L'impatience est parfois mauvaise conseillère.

Il peut être instructif de s'interroger sur les raisons de ce phénomène. Je propose l'interprétation suivante. Aussi importantes soient l'harmonie des psychologies et un minimum de connaissance commune (cela est indéniable), ceux qui misent essentiellement, voire seulement, sur cet aspect des choses ne misent pas sur le « bon cheval ». Celui-ci, c'est-à-dire le facteur le plus déterminant pour la solidité et la durée du couple, est ailleurs. Il est dans la force de la résolution avec laquelle chacun s'engage dans une histoire désormais commune. Nous avons tous connu de ces couples qui avaient un grand nombre de points communs et qui ont été brisés au premier obstacle. En revanche, nous en connaissons aussi qui, malgré une somme de handicaps et de difficultés, ont su construire une relation finalement solide et heureuse.

- **Attendre**

L'essai n'étant jamais suffisant, pourquoi ne pas envisager une autre voie, moins portée par l'air du temps mais dont il pourrait être bon que les jeunes entendent parler au moins une fois dans leur vie : l'attente ? Une véritable décision doit venir du cœur, c'est-à-dire de l'intérieur, et non seulement des circonstances. Or comment mieux intérioriser une décision, la laisser grandir en soi qu'en sachant attendre le moment favorable, le temps de l'évidence et de la clarté, celui où le fruit est mûr ? Pour cela il faut de la patience. L'impatience est ce qui nuit le plus à la clarté. Elle est mauvaise conseillère. Mais la vertu de patience n'est pas la plus cultivée par notre société.

Attendre signifie supporter la distance et donc la solitude, le vide, l'inconnu. Dans l'affrontement au vide s'opère un discernement. Face à la solitude, le sujet éprouve sa liberté et la nourrit à des sources plus personnelles. Les moments vécus ensemble sont repris, intériorisés. Chacun se prépare à être tout entier dans son acte, comme Marion, héroïne du magnifique film de Wim Wenders : *Les ailes du désir*.

En finir avec le hasard

Un jour, ça doit être sérieux. J'ai beaucoup été seule, mais je n'ai jamais vécu seule. Quand j'étais avec quelqu'un j'étais souvent contente, mais en même temps je prenais tout pour un hasard. Ces gens étaient mes parents, mais d'autres auraient pu l'être. Pourquoi ce garçon aux yeux bruns était-il mon frère et non celui aux yeux verts du quai en face ? La fille du chauffeur de taxi était mon amie, mais j'aurais pu aussi bien passer le bras au cou du cheval. J'étais avec un homme, amoureuse, et j'aurais aussi bien pu le planter là et partir avec l'inconnu que nous croisions dans la rue. (...)

Je n'ai jamais joué avec quelqu'un et pourtant je n'ai jamais ouvert les yeux et pensé : Maintenant, c'est sérieux.

Enfin ça devient sérieux.

C'est ainsi que j'ai grandi. Moi seule étais-je si peu sérieuse ? Le temps est-il si peu sérieux ?

Je n'ai jamais été solitaire, ni seule, ni avec d'autres. Mais j'aurais aimé être enfin solitaire. La solitude, ça veut dire : je suis enfin entière.

Je peux le dire maintenant, car ce soir je suis enfin solitaire.

Il faut en finir avec le hasard ! Nouvelle lune de la décision ! Je ne sais pas, il y a un destin, mais il y a la décision. Décide toi !

Les ailes du désir.

SUR LA PORTÉE DE L'UNION CHARNELLE

Cohabiter, c'est donc partager le même toit, la même table, le même lit. Avant déjà de cohabiter, il a paru naturel aux amoureux d'exprimer leur amour par des gestes de tendresse qui ont progressivement évolué vers la rencontre charnelle totale. Celle-ci désormais sera incorporée à leur vie commune. Quelle est alors pour eux *la signification ultime de cet acte* ? Celui-ci a-t-il le sens partiel d'expression d'une relation provisoire ou prend-il la signification plénière que la tradition chrétienne perçoit en lui : signification d'alliance, c'est à dire de don réciproque ? De manière sans doute simplificatrice, la question serait : *L'union est-elle ou n'est-elle pas considérée comme le signe et le fruit de l'alliance de deux existences, c'est-à-dire du don sans retour* ? Sa portée est-elle relative ou a-t-elle un caractère absolu ?

Il faut certes accepter que, pour ce qui concerne la sexualité, les choses ne soient pas toujours aussi nettement tranchées. La vie sexuelle est le domaine des potentialités et des indéterminations. Place doit donc être faite aux conduites intermédiaires et aux modulations très délicates de chaque itinéraire singulier. Surtout lorsque celui-ci s'étend sur des années, en lien parfois avec l'allongement de la durée des études. Mais cela n'empêche pas, bien au contraire, de faire le point et de prendre conscience des enjeux d'un acte qui n'est tout de même pas anodin.

Les relations sexuelles, au moment de la jeunesse en particulier, sont susceptibles de recevoir des significations très diverses où l'on peut discerner quatre dominantes :

– Appelons **fonctionnelles** les relations qui répondent surtout à des désirs psychologiques tels que prouver sa virilité ou sa féminité, vérifier son pouvoir de séduction, quitter symboliquement l'enfance et entrer dans la vie adulte, défier les parents, découvrir un territoire inconnu, éprouver des sensations nouvelles, etc. Certains psychologues qualifient cette sexualité d'*opératoire*. Elle tient un peu le rôle de ces rites de passage qui font défaut à notre société. Mais, très souvent, elle reste narcissique et égocentrique, marquée par les besoins affectifs de l'enfance et de l'adolescence.

– Dans la sexualité à dominante **érotique**, c'est surtout le plaisir qui est recherché. Découverte de la volupté, jeu avec les ressources inexplorées du corps, aspiration à l'extase charnelle. S'incarner, exister comme corps, rien que comme corps. Cette fête des sens est un des meilleurs cadeaux de l'existence, mais quel goût prend-t-elle à la longue, si elle est coupée de tout contexte relationnel ?

– Beaucoup privilégient aujourd'hui le pôle **tendresse**, associant sexualité et sentiment. La majorité des jeunes affirment qu'ils refuseraient de *faire l'amour* avec une personne qu'ils... n'aimeraient pas. Ce rapprochement entre sexualité et amour est à la fois source de valeurs et cohérent avec le langage des gestes de tendresse qui, de diverses manières, tendent à exprimer des attitudes telles que l'accueil, l'ouverture à l'autre, la possession réciproque, l'attente, le don. Mais tout n'y est pas limpide pour autant. La présence du sentiment n'est pas une garantie d'authenticité de l'amour.

– Comprendre l'union comme incarnation de **l'alliance**, c'est à la fois prendre au sérieux les significations que nous venons d'évoquer et se situer dans la perspective selon laquelle le sens ultime du corps, comme celui de toute l'existence, tend vers l'alliance comprise comme le don réciproque des personnes. Nous entrons alors dans une interprétation globale de l'existence, selon laquelle le contexte du don sans retour vient donner sa plénitude de sens à l'union des corps. Tel est le sens profond, pour la pensée chrétienne actuelle, du lien entre sexualité et mariage.

Chaque couple est invité à se demander comment il se situe dans cet éventail. La tâche des adultes qui sont en situation de responsabilité éducative peut alors être de rappeler la validité d'attitudes aux noms apparemment désuets qui peuvent également être sources de sens : *chasteté, continence, virginité.*

– La chasteté est respect de la différence, acceptation de la distance et maîtrise libérante des pulsions.

– La continence n'est pas seulement l'abstinence. Elle ne consiste pas seulement à s'abstenir mais à se « contenir », en vue d'une fin préférable.

– La virginité n'est pas seulement l'intégrité corporelle. Elle est une disposition du cœur, une attitude de réserve et de préparation de l'avenir.

> *« La virginité n'est pas tabou ou interdit mais retour à soi, recueillement, prière, aptitude à demeurer disponible, en soi, pour soi, pour l'autre, pour les autres. »*[4]

L'attention à ces valeurs n'exclut pas – mais exige plutôt – la prise en considération des itinéraires particuliers et des découvertes progressives. Le dialogue entre générations, trop rare, est ici spécialement bienvenu. Et la famille, bien souvent, n'est pas l'endroit où celui-ci est le plus aisé. Communautés plus larges, mouvements, groupes de réflexion divers pourront alors être d'un bon secours pour que s'instaure un échange entre les aînés et les plus jeunes, où les uns et les autres expriment et confrontent leurs expériences, leurs convictions, leurs interrogations. car en ce domaine, personne, nulle génération, aucune culture n'a trouvé de forme parfaite et définitive.

Chapitre 4

UN ACTE SOCIAL

Je reviens du mariage civil d'un cousin. La cérémonie, qui a duré au total un quart d'heure, était d'une froideur ! Pourquoi donc cet acte officiel ? Qu'est-ce que le code civil a à voir avec l'amour ? Quand on s'aime, on n'a pas besoin de contrat, de loi, de registres ! Je comprends mieux le désir d'une célébration à l'église pour les couples qui souhaitent une solennité, un certain caractère sacré. S'unir devant Dieu, peut-être ; mais devant monsieur le Maire....

Clément

Bien que le nombre de mariages civils soit (en France) supérieur à celui des mariages religieux, on peut se demander si le doute n'est pas plus fort à l'égard du premier qu'à l'égard du second. Beaucoup de couples ne passent-ils pas « à la mairie » parce qu'en droit français, cela est obligatoire avant le mariage à l'église ? Alors que, souvent, un certain sentiment de sacré est spontanément associé à tout engagement définitif, l'idée d'échanger les consentements devant un *officier d'état civil* paraît de plus en plus lointaine. Peut-on pourtant se contenter d'une conception qui passerait directement de l'amour au sacré, sans tenir compte d'une troisième dimension, la dimension sociale ? Le mariage, en effet, n'est pas seulement l'union de deux cœurs, et pas toujours un sacrement. Il est d'abord un acte social. Il s'agit d'un **acte fondateur** qui donne naissance à une nouvelle cellule sociale, le couple destiné à devenir une famille. Il s'agit aussi d'entrer dans une **forme de vie** qui nous a précédés, dont nous ne sommes pas les inventeurs, définie non seulement par des lois mais par des coutumes, elles-mêmes issues de tout un héritage.

S'unir devant Dieu, peut-être ; mais devant M. le Maire...

« Ce n'est pas le couple qui dit qu'il est marié et quand il est marié ; ce sont les autres ; c'est la société. »[5]

AU-DELÀ DU COCOONING

A une jeune fille qui lui demandait : « Qu'est-ce que ça ajoute, finalement, de se marier ? », France Quéré répondait : « Se marier c'est faire passer l'amour du secret au public ». Qu'apporte donc ce passage ?

Cela est difficile à percevoir aujourd'hui à cause d'une conception de la vie de couple que l'on peut qualifier d'intimiste. « Une chaumière, un cœur » ; notre vie privée ne regarde que nous... Peut-on en rester là ? Une telle conception est-elle adulte ? Le passage dont parle France Quéré est un signe de maturité. C'est une avancée, à la fois psychologique et morale, que d'accepter et même de souhaiter que ce qui est vécu à l'intérieur du couple entre en communication avec l'extérieur.

Plus un couple aura de vitalité et de fécondité plus il entrera dans un réseau de relations sociales : école, quartier, vie associative, paroisse, vie politique... Il deviendra un foyer de vie sociale : hospitalité, accueil, voisinage, entr'aide, témoignage, aide mutuelle, recherches communes... Avant même de se référer à la loi, et donc de parler de mariage civil, il y a là tout un domaine de socialisation, auquel certains couples de concubins sont incontestablement ouverts.

COUPLE DE FAIT, COUPLE DE DROIT

Est-ce à dire qu'il faille mépriser le droit ? Une telle position serait bien irréaliste. Les concubins eux-mêmes posent souvent des actes qui les engagent et les lient économiquement ou juridiquement : achat en commun d'un appartement, reconnaissance de l'enfant par les deux parents, procédures pour bénéficier de telle ou telle prestation sociale. Moyennant, par exemple, un certificat de concubinage établi à la mairie, ils pourront avoir accès à l'assurance maladie, aux allocations familiales, à l'Aide Personnalisée au Logement, aux allocations logement, aux tarifs réduits SNCF, etc... Mais, dans le même temps, on les verra établir des déclarations de revenus séparées et se présenter, lorsque cela leur convient, comme personnes isolées. Est-il bien cohérent moralement de vouloir ainsi bénéficier des droits du mariage sans en assumer les engagements et les obligations ?

De telles conduites sont souvent significatives d'une dérive possible : tirer le maximum de profit de la vie de couple mais sans en assumer jusqu'au bout les conséquences. Une solidarité limitée que la sociologue Évelyne Sullerot a résumée par la formule : « Pour le meilleur et sans le pire ». En cas d'échec ou de malheur, c'est de la collectivité que sera attendu le soutien. L'État prendra le relais des solidarités interpersonnelles : aide au parent isolé, tutelle des enfants, prise en charge sanitaire. Mais alors ne se profile-t-il pas à l'horizon l'image de l'État-Providence, voire de « l'État-Papa » ?

Se marier, c'est accepter de devenir un couple de droit, c'est à dire une nouvelle cellule sociale définie par des droits et des devoirs. La société s'engage envers les époux et les époux s'engagent devant la société. En tant que conjoints, ils se voient reconnaître des droits spécifiques (de moins en moins nombreux, il est vrai, dans nos sociétés) : pension de reversion, donation au dernier vivant, certaines pensions de sécurité sociale, assurance veuvage, protection de l'intimité, (l'acte de mariage sert de preuve de l'union, alors que les concubins doivent justifier de leur cohabitation à de multiples occasions), paternité, qui découlant du mariage même, ne nécessite aucune démarche venant du père. En tant que conjoints, ils acceptent des devoirs. Ils sont liés par une solidarité particulière. Il y a là des valeurs morales reconnues par la société. Imaginons, dans une logique libérale extrême, que les droits et devoirs ne soient qu'individuels. Serait-il bon qu'entre l'individu et la collectivité n'existe plus aucune institution intermédiaire ?

Code Civil

Art. 212 - Les époux se doivent mutuellement fidélité, secours, assistance.

Art. 213 - Les époux assurent ensemble la direction morale et matérielle de la famille. Ils pourvoient à l'éducation des enfants et préparent leur avenir.

Art. 215 - Les époux s'obligent mutuellement à une communauté de vie. La résidence de la famille est un lieu qu'ils choisissent d'un commun accord.

Le mariage peut être considéré comme refus de partager l'existence humaine en deux sphères étrangères l'une à l'autre, la sphère privée où régnerait l'amour et la sphère publique où régnerait la lutte pour le profit et le pouvoir. Le mariage est comme un nœud entre le privé et le public, un passage entre le monde du don et celui du calcul marchand. C'est en ce sens qu'il a pu être qualifié de « prophétique ».

> *« Le mariage est un acte social parce qu'il exprime dans son essence même la promesse d'une société réconciliée, où la finalité de la vie commune n'est pas la rivalité mortelle mais la reconnaissance vivante de l'autre, où la vie est accueil et fruit, et non compétition et esclavage. »*[6]

- **Marier l'amour et le droit**

Les actes administratifs partiels et utilitaires ne sont donc pas équivalents à la parole publique et solennelle de fondation d'une famille. Par une telle parole, les époux affirment qu'ils n'accordent pas seulement du prix à leurs sentiments et à leurs intérêts mais à une certaine idée du couple qui est aussi une idée de l'homme et de la société. Il s'agit d'un acte moral, c'est à dire qui n'est pas mû seulement par l'intérêt particulier, mais par un *choix de valeurs*, c'est-à-dire de biens humains partagés avec d'autres. Le couple est social non seulement par ses conditionnements, mais par vocation.

Se marier, c'est donc accepter de marier l'amour et le droit, sans mépriser ce dernier. Qui peut prétendre se passer du droit ? Les concubins ignorent bien souvent qu'en se plaçant en dehors du droit ils privent leur lien de l'appui de la loi qui, en cas de crise grave, peut être bien opportun. Contrairement à ce que certains croient, la séparation après concubinage est beaucoup plus compliquée et aléatoire. La désunion alors, si elle coûte moins cher que le divorce, est interminable, encore plus conflictuelle et elle entraîne une dégradation des conditions de vie, surtout chez les femmes. Qui définira les droits de l'un et de l'autre ? Se vérifie alors l'affirmation selon laquelle « entre le fort et le faible, c'est la liberté qui opprime et le droit qui libère ».

Un abandon légal

« J'aimerais que vous évitiez ce qui m'est arrivé. Depuis plus de trois ans, je vivais avec mon ami dans un petit village. Au début, tout allait bien. Nous formions un couple uni et nous avons eu un petit garçon, Franck, qui a maintenant deux ans. Nous devions nous marier le 10 septembre 1988. En août de la même année, je suis partie seule en vacances avec mon fils pendant deux semaines. Mon ami ne pouvait nous accompagner car il est routier international. Quand je suis revenue, j'ai découvert qu'il avait une maîtresse. Cela m'a fait énormément de mal. Il n'était évidemment plus question de mariage. Pendant les mois de septembre et d'octobre, mon ami ne s'occupait plus du tout de nous. Sa maîtresse habitait dans une autre ville et il partait la rejoindre dès qu'il avait un moment de loisir. Puis, pendant un week-end, il l'a invitée dans notre village. Le vendredi soir, ils ont dormi chez des amis puisque j'étais à la maison. Mais le samedi, mon ami nous a jetés à la rue, mon fils et moi, avec nos habits qu'il avait entassés dans des sacs-poubelles. Cela se passait le 22 octobre. Il nous a mis dehors pour être tranquille avec sa maîtresse. Je suis allée aussitôt voir les gendarmes. Ils ont constaté qu'en effet cette femme était là, que j'habitais avec mon ami et notre fils à la maison. Mais cette maison était louée à son nom. Les gendarmes ne pouvaient donc rien faire. Mon ami avait le droit d'agir comme bon lui semblait, de nous abandonner sans argent, alors que je n'avais ni emploi, ni toit. »

« La main tendue », *Femme Actuelle*, avril 1989.

Le plus faible peut donc être la femme, mais il peut aussi être le père, ou bien sûr, l'enfant. Le lien paternel est souvent, la première, victime de l'effacement du droit. Nous avons fini par oublier à quel point il est plus social et moins évident que le lien mère-enfant. Un adage romain disait déjà : « Le père est toujours incertain mais la mère très certaine ». C'est pourquoi le droit romain a établi : « Le père est celui que le mariage désigne » (Code de l'empereur Justinien). Telle est, nous l'avons vu, une des plus anciennes fonctions du mariage : garantir le lien de filiation paternelle par le lien d'alliance. La relation de paternité passe par la parole et par la loi. Aussi le lien père-enfant est-il beaucoup moins solide en cas de concubinage. La mère a les moyens de priver son compagnon de paternité légitime. Par ailleurs, en cas de séparation, l'exercice conjoint de l'autorité parentale sera beaucoup plus difficile à obtenir si la mère s'y oppose.

- **Le mariage intéresse la société**

Toutes les sociétés, jusqu'à nos jours, ont célébré des mariages. Les formes ont varié mais il y a là une constante, aussi répandue que l'interdit de l'inceste, auquel le mariage est étroitement lié. Si, comme nous l'avons fait au chapitre I, nous nous plaçons d'un point de vue élargi aux diverses cultures, nous pouvons retenir comme la plus universelle cette définition du mariage : *Le mariage est l'institution qui légitime la procréation et les relations sexuelles*. Toutes les sociétés ont eu le souci de réglementer ces deux domaines. Les règles en question ont, dans notre culture, tellement imprégné les mentalités qu'elles paraissent « naturelles ». Elles sont, en fait, le fruit de plusieurs millénaires d'histoire. Repérons ici quatre grandes fonctions traditionnelles du mariage dans la vie sociale : *éviter la violence, garantir la filiation, célébrer le mystère de la société, traduire des valeurs.*

Les règles du mariage ont toujours été un principe de cohésion sociale. Nos lointains ancêtres les ont sans doute inventées pour échapper à la violence de la lutte entre hommes pour la possession des femmes. La paix n'est assurée que par l'instauration d'interdits et de limites, dans le domaine de la sexualité comme en d'autres. Qu'une femme soit l'épouse d'un homme signifie qu'elle est interdite à tout autre. En revanche, se marier c'est être accueilli dans une famille, y recevoir un statut et des droits. Les réseaux d'alliances entre familles ont longtemps été le meilleur garant de la paix dans les sociétés dites primitives. Cette fonction est aujourd'hui remplie autrement, mais le facteur de cohésion sociale joue encore.

Il en va aussi du bien des enfants. Un des deux buts fondamentaux du mariage est la filiation. Or, celle-ci ne se limite pas à la procréation, mais doit se traduire par des règles sociales. Là encore, beaucoup sont inconscients de ce que de telles notions doivent à l'encadrement social. Les concubins à cet égard miment sans le savoir le mariage légal. La transmission aux enfants du nom de la famille du père a, elle aussi, une forte charge symbolique. Elle vient contrebalancer l'évidence de l'engendrement maternel et attester que l'enfant est issu de deux lignées.

En organisant et en célébrant la fondation de la cellule d'où naîtront les enfants, c'est leur propre survie et renaissance qu'organisent et célèbrent les sociétés. D'où le sentiment universel de sacré devant un tel acte. Sentiment de toucher au mystère de l'origine, à la survie même du groupe, à ce qui fait le lien social. C'est pourquoi toutes les sociétés ont, d'une façon ou d'une autre, accompagné le mariage de rites religieux. Ce sentiment, très atténué aujourd'hui, n'est pourtant pas totalement éteint. Il est important que la société manifeste par des gestes qu'elle n'accorde pas d'importance au politique et à l'économique seulement, mais aussi au précieux et fragile trésor de sa propre continuité.

Enfin, puisque nous héritons d'une conception du mariage qui fait reposer celui-ci sur l'amour, prenons conscience de la valeur sociale d'une telle élaboration. Une société qui laisserait le mariage partir à la dérive se priverait d'une des rares institutions qui fassent du don, de la gratuité et de la fidélité des valeurs. Elle appauvrirait son patrimoine moral. Au-delà de la diversité des options religieuses ou idéologiques, le mariage monogame incarne aujourd'hui une certaine éthique commune. Un éminent juriste protestant a même pu affirmer qu'il était « garant de la laïcité », faisant partie de la « constitution tacite de la France » (Jean Carbonnier).

Embrouillamini

On oublie parfois à quel point la stabilité et la clarté des liens familiaux contribuent à l'identité de chacun. Dans la famille, chacun a une place, définie par des différences : « Je ne suis pas le père » ; « Je ne suis pas la mère » ; « Je suis autre ». Dans un troupeau, il n'y a ni père, ni mère, ni sœur. Pour prendre conscience de cela, imaginons les conséquences d'un brouillage des repères dont peut nous donner idée ce texte amusant :

Un brave homme est venu trouver l'assistante sociale de passage dans sa commune et lui a expliqué son cas en toute simplicité. Je me suis marié, dit-il, avec une veuve qui avait de son premier mariage une grande fille. Or, comme mon père veuf venait me voir souvent, il s'éprit de ma belle-fille et l'épousa. Ainsi mon père devint mon gendre et ma belle-fille ma belle-mère. Quelque temps après, ma femme eut un fils qui fut le beau-frère de mon père et, en même temps, mon oncle, puisqu'il était le frère de ma belle-mère. La femme de mon père, ma belle-fille, devint elle aussi mère d'un garçon qui devint mon frère et mon petit-fils puisqu'il était le fils de ma belle-fille. Ainsi ma femme est ma grand mère, car elle est la mère de ma mère. Moi, je suis le mari de ma femme, mais aussi son petit-fils et, comme le mari de la grand mère d'une personne est le grand père de cette personne, je suis devenu mon propre grand-père ! Quels sont nos droits aux uns et aux autres d'après le Code de la famille ? L'assistante sociale a demandé quelques instants de réflexion....

R. Béraudy, *Sacrement de mariage et culture contemporaine*, Desclée, 1985.

NAISSANCE DU MARIAGE CIVIL

Le mariage civil a une histoire. La distinction qui nous est si familière entre mariage « à la mairie » et mariage « à l'église » n'a pas toujours eu lieu. Apparue au XVIe siècle en Hollande, pays protestant, elle a été instituée en France sous la Révolution. Auparavant, c'était les curés qui tenaient les registres d'état civil et jouaient le rôle de représentants du corps social.

Même si cela peut étonner, il n'est pas exagéré de dire que l'Église dans le passé a été non seulement la gérante mais l'inventeur lointain du mariage civil tel que l'entendent aujourd'hui la plupart des pays occidentaux ou occidentalisés. Entre le Droit de l'Église (ou *Droit canon*) et notre actuel *Code Civil*, il y a beaucoup de continuités.

Jusqu'au XVIe siècle, les mariages clandestins sont valides.

Pendant des siècles, en remontant par exemple à l'Antiquité, le mariage a essentiellement été une cérémonie privée, familiale, présidée par le père. Il devenait public par la fête où étaient invités de nombreux voisins et amis. Chez les premiers chrétiens, à partir du second siècle, l'évêque va jouer un rôle grandissant de témoin et de conseiller. Il tiendra peu à peu la place du père. On le voit aussi jouer le rôle de tuteur pour les orphelins.

Mais l'Église ne s'engagera pas à légiférer sur le mariage avant le Haut Moyen-Âge, en particulier sous Charlemagne, au IXe siècle, et sous le pape Grégoire IX, au XIe siècle. Il y a alors accord entre les seigneurs laïcs et les évêques ou les papes pour encadrer davantage l'union. Apparaissent les définitions des conditions de validité du mariage : consentement des parents, cérémonie publique, fiançailles, dot... Mais les coutumes persistent et les mœurs sont lentes à suivre. Jusqu'au XVIe siècle, nombreux resteront les mariages « clandestins », c'est à dire contractés à l'insu des parents et sans la présence du prêtre. Au XIIe siècle l'Église les interdira mais ils demeureront valides. C'est seulement au XVIe siècle que le Concile de Trente les déclarera non valides.

À partir du Xe siècle, avec l'effondrement des pouvoirs royaux, le rôle juridique de l'Église continue à augmenter. On définit la forme que doit prendre l'acte de mariage, on élabore la notion d'empêchements.

– Pour *la forme*, le mariage est défini comme un contrat, dans la tradition du droit romain. L'échange des consentements est choisi, au XIIe siècle, comme le rite essentiel du mariage (l'union charnelle viendra confirmer et rendre effectivement indissoluble le lien né du consentement).

– *Les empêchements* sont les interdits qui, si l'on passe outre, entraînent la nullité de l'union. Les principaux concernent surtout *l'âge du mariage* (qui, au XIVe siècle était de 12 ans pour les filles et de 14 ans pour les garçons, aujourd'hui en France 15 et 18 ans), *l'ordination antérieure* au ministère de diacre, prêtre ou évêque, un *précédent mariage non dissous*, la *différence de religion* (aujourd'hui encore il faut une dispense), la *parenté*, (la limite est fixée au 4e degré au XIIe siècle, elle l'est encore aujourd'hui pour l'Église comme pour l'État).

Voici donc l'Église conduite à légiférer, en accord ou en conflit, selon les cas, avec les princes et les seigneurs, eux-même très divisés. En 1539, l'ordonnance de Villers-Cotterets rend obligatoire l'inscription sur les registres de mariage tenus par les curés. En 1580, en Hollande apparaît la première forme civile du mariage : dans ce pays protestant, les catholiques pouvaient éviter de se marier devant le pasteur en le faisant devant un officier municipal. Notons l'humour de l'histoire : l'apparition du mariage civil à destination des catholiques !

C'est, en France, pour les non-catholiques qu'est promulgué, deux ans avant la Révolution (1787), un édit instituant l'état civil. On prévoit un contexte laïc pour des formes et des règles qui ressemblaient beaucoup encore à celles du Concile de Trente.

En 1791, la Constitution posera le principe : « La loi ne considère le mariage que comme un contrat civil ». L'année suivante, en 1792, l'Assemblée législative institue le mariage civil. Les registres de mariage passent aux mains de l'État qui les confie aux mairies. L'officier d'état civil devient le maire de la commune (ceci pour la France ; on sait que dans d'autres pays ce rôle peut être tenu par le juge).

Le Code Civil, promulgué sous Napoléon en 1804, s'inspirera largement du droit romain et du Droit canon. Avec quelques différences par rapport à ce dernier cependant : le Code civil ne définit pas les fins du mariage ; il ne fait pas allusion à la consommation charnelle ; il ne vise pas l'indissolubilité.

Depuis 1804, le Code a évolué. Supprimé en 1816 (sous la Restauration), le divorce est à nouveau rendu possible par la loi Naquet, en 1884. En 1975 est instauré le divorce curieusement appelé « par consentement mutuel », c'est à dire qui n'exige plus la preuve d'une faute grave. De façon continue s'est affirmée, dans la loi du moins, une plus grande égalité entre l'homme et la femme. Un exemple :

> – Article 213 du Code Civil de 1804 : *Le mari doit protection à sa femme, la femme obéissance à son mari.*
>
> – Article 213 issu de la loi du 4 juin 1970 : *Les époux assument ensemble la direction morale et matérielle de la famille. Ils pourvoient à l'éducation des enfants et préparent leur avenir.*

Né dans un climat souvent marqué par les conflits, le mariage civil porte la marque de cette histoire. Frappante est l'ignorance réciproque, surtout dans des pays comme la France, entre l'Église et l'État en ce domaine. L'acte civil est sans effets religieux, l'acte religieux sans effets civils. La loi française impose, sous peine de sanctions pénales envers le prêtre ou le ministre du culte, la célébration du mariage civil avant le mariage religieux (Articles 199 et 200 du Code Pénal). L'Église, de son côté, ignore le mariage civil. Les chrétiens mariés civilement seulement sont, dans les textes officiels, assimilés aux concubins et privés de l'accès aux sacrements.

Une telle ignorance est dommageable. Certains plaident pour que des effets civils soient reconnus au mariage religieux. Ce dernier n'est-il pas un acte communautaire, donc social ? Dans certains pays, tel l'Italie, les candidats au mariage peuvent opter, pour officialiser leur union, entre la mairie ou l'église.

Du côté de l'Église catholique, les choses sont rendues complexes par la doctrine selon laquelle, entre deux baptisés, le mariage ne peut être que sacramentel. Mais d'une part l'Église reconnaît la pleine légitimité du mariage civil entre non baptisés (qui n'ont pas à se remarier s'ils reçoivent le baptême) ; d'autre part la pensée de Jean-Paul II ouvre des voies vers la reconnaissance de la valeur humaine et morale du mariage comme acte social :

> « *L'institution du mariage n'est pas une ingérence indue de la société ou de l'autorité, ni l'imposition extrinsèque* [extérieure] *d'une forme ; elle est une exigence intérieure du pacte d'amour conjugal qui s'affirme publiquement comme unique et exclusif pour que soit vécue ainsi la pleine fidélité au dessein du Dieu créateur.* »
>
> *Les tâches de la famille chrétienne*, 1981, paragraphe 11.

Chapitre 5

UN MYSTÈRE, UN SACREMENT

Nous sommes allés voir le prêtre de notre paroisse pour lui demander de célébrer notre mariage à l'église. Nous désirions surtout une cérémonie solennelle, avec la beauté des chants, de la musique et de l'architecture. Mais le prêtre nous a dit que l'Église offrait principalement autre chose, un sacrement. Il nous a alors parlé de notre baptême, d'union au Christ, d'indissolubilité, etc. Nous avons été très désemparés car nous n'avions jamais réfléchi à tout cela. Le prêtre nous a alors proposé un temps de préparation, et même de formation, préalables. Tout cela nous semble bien compliqué. Faut-il donc faire de la théologie pour se marier ? Qu'est-ce que le sacrement apporte de nouveau à l'amour ?

Franck et Damienne

Dans de nombreuses cultures, le mariage a été compris comme un acte religieux. Aujourd'hui encore, spontanément, beaucoup pressentent une dimension de cet ordre dans la naissance du lien conjugal. Une grandeur, un mystère, un caractère sacré que l'on souhaite entourer de beauté et de solennité, se mettant sous la protection d'une référence supérieure que l'on nomme : le divin.

Faut-il donc faire de la théologie pour se marier ?

Ce point de vue n'est pas à mépriser. Les raisons pour lesquelles le mariage évoque le sacré peuvent être profondes. Se marier est, en effet, entrer dans un mode d'être « religieux » au sens premier du terme. *Re-ligere* signifie « relier ». Dans la religion comme dans le mariage, c'est donc de lien qu'il est question. Ce lien, les époux le reconnaissent comme un bien, pressentant en lui un principe de vie valable et fécond. Ils se sentent re-liés non seulement l'un à l'autre mais à une réalité qui les dépasse et qui a trait, en particulier, à la transmission de la vie.

> *« Celui qui se marie accomplit la moitié de sa religion »*
>
> Le Coran

Mais la notion chrétienne de sacrement ne se situe pas seulement dans le prolongement de ces intuitions. Toute sacralisation du lien (ou, aujourd'hui, du sentiment) n'est pas nécessairement spirituelle. Il peut s'y mêler quelque chose comme de la magie ou de la superstition : mettre le ciel avec soi, conjurer le malheur... En toute rigueur de termes, malgré la ressemblance apparente des mots, le sens du sacrement ne coïncide pas avec celui du sacré.

AU-DELÀ DE LA MAGIE

Tandis que le sacré peut être défini comme *le lieu du contact avec une puissance supérieure*, le sacrement est *un geste ecclésial qui signifie et réalise l'entrée de l'homme dans le mystère du Christ*. Les différences entre tous ces termes sont à bien discerner et peser. Tout un cheminement est nécessaire pour découvrir ce que cela signifie. Non qu'il s'agisse de choses compliquées, mais elles exigent un ajustement du regard.

La notion de sacrement elle-même peut être comprise de façon quelque peu magique. Lorsque nous parlons de « geste qui signifie et réalise », reconnaissons que nous ne sommes pas loin de la magie, définie par Freud comme « croyance en la toute puissance des mots ou des gestes ». Le chrétien aura donc à faire preuve d'esprit critique et de discernement pour prouver qu'il est capable de ne pas en rester là, c'est-à-dire à un point de vue où domine l'imaginaire. Il dispose pour cela d'un triple ancrage dans la réalité, humain, chrétien et ecclésial.

• Le corps-sacrement

Un geste n'est pas tout mais, il fait grandir l'amour.

L'idée de sacrement n'est pas si abstraite qu'il n'y paraît. Elle est liée à l'existence corporelle. Nombreux sont, dans l'existence, les gestes qui « réalisent ce qu'ils signifient ». Ce sont souvent les gestes les plus chargés de valeur et de sens, les plus concrets, les plus incarnés : gestes d'amitié ou de tendresse, de la main sur l'épaule à la caresse, union charnelle bien sûr, mais aussi cadeaux, repas partagé, etc. Ces actes sont des symboles mais ils n'en sont pas moins réels. Par eux se réalise quelque chose : la rencontre, le renouvellement de la tendresse, la construction de la relation. En ce sens, c'est tout le corps qui est sacramentel, tout entier il signifie et réalise la présence de la personne, et même celle de Dieu.

• L'Incarnation continuée

Si les sacrements sont le don de la vie spirituelle à travers des réalités corporelles, la raison profonde en est l'Incarnation. En toute rigueur de termes, c'est le corps du Christ qui est le premier sacrement, le sacrement de la rencontre de Dieu. Par ses gestes, il signifie le Royaume, par sa présence il le rend réellement présent. Aussi le mariage deviendra-t-il sacramentel en étant greffé, d'une manière ou d'une autre, sur la vie du Christ.

• Un acte ecclésial

Depuis la fin de la présence visible de Jésus sur terre, c'est l'Église, à son tour sacrement du Christ, qui signifie sa présence. L'ancrage le plus solide pour aborder la sacramentalité de manière non imaginaire est donc l'appartenance concrète à la vie de l'Église. *Sacramentel veut d'abord dire ecclésial.* Pratiquement, c'est en devenant ecclésial que le mariage devient sacramentel. Les conjoints n'en sont pas les seuls sujets, il est aussi un acte de l'Église elle-même qui, à travers lui, s'engage, se reconnaît et se construit. C'est à partir de là que pourrait être réfléchi le lien entre le baptême, sacrement de l'entrée dans l'Église, et la sacramentalité du mariage.

Cela dit, il faut bien reconnaître que le mariage n'est pas un sacrement comme les autres. A la différence des autres sacrements, il vient se greffer sur une réalité humaine qui le précède, qui existerait sans lui. La doctrine de la sacramentalité du mariage a d'ailleurs mis des siècles à se construire. On peut dire qu'elle s'est fixée, en Occident, entre le IXe et le XIIe siècle. C'est au Concile œcuménique de Lyon, en 1274, que, pour la première fois, le mariage a officiellement été mis au nombre des sept sacrements. Plus tard, à la suite de Luther et Calvin, les protestants refusent de lui accorder ce statut. Ils pensent que cette doctrine vient surcharger une réalité déjà suffisamment riche sur le plan humain, social et moral.

Il est cependant possible de trouver un filon très constant qui, depuis les premiers auteurs chrétiens et même les Évangiles, permet de reconnaître que l'idée de sacrement convient bien à la réalité chrétienne du mariage.

UNE UNION À TROIS

Tout commence par un étonnement, celui de Saint Paul et de Saint Jean Chrysostome devant le lien conjugal. Le premier, après avoir cité le verset de Genèse 2, 24 :

> *« L'homme quittera son père et sa mère*
> *Il s'attachera à sa femme*
> *Et tous deux deviendront une seule chair »,*

s'exclame : « Ce mystère est grand ! » Le second (que nous avons déjà rencontré au chapitre I) développe davantage :

> *« Oui, c'est un mystère, un grand mystère, qu'on oublie son père, l'auteur de ses jours, celui par qui on a été élevé, celle par qui on a été enfanté dans la souffrance, ceux à qui l'on doit tant et avec qui l'on a toujours vécu, pour s'unir à une femme que l'on n'a jamais vue, avec laquelle on n'a rien de commun, et la préférer à tout. Oui, c'est un mystère. Et les parents n'en sont point affligés, le contraire plutôt les peinerait. Il faut qu'ils se mettent en frais, en dépense, et pourtant ils se réjouissent. Oui, c'est un grand mystère, rempli d'ineffable sagesse ».*[7]

Il faut savoir ici que le mot « mystère » avait, dans la langue grecque de l'époque, un sens beaucoup plus fort que celui que nous lui donnons ordinairement. *Musterion* ne désignait pas seulement une énigme, une inconnue (comme dans « mystère et boule de gomme ! »), mais, presque au contraire, la *révélation d'un secret*. Quelque chose de divin s'y révèle. Le mot vient d'un verbe qui signifie *introduire*. Ainsi donc, le mystère n'est pas le point où cesse toute compréhension mais le lieu où commence une compréhension nouvelle.

> *« Le propre d'un mystère,*
> *c'est de se rendre insondable*
> *dans la mesure où il se révèle. »*
>
> Jean Ladrière

Tout se passe comme si les conjoints, en consentant l'un à l'autre, étaient introduits dans une dimension nouvelle de l'amour : l'amour comme don sans retour, acte gratuit dont le psychisme humain, par ses propres ressources, est si peu capable. (Les psychologues sont là pour nous le rappeler). Il s'agit d'entrer dans un dynamisme qui dépasse les ressources du désir et de la volonté, de recevoir l'amour d'une source invisible, créatrice, divine. De découvrir que l'amour n'est pas seulement don mais donné. Que nous recevons le mouvement même par lequel nous nous donnons. La tradition chrétienne appelle *Agapè* ce pur mouvement de don qui vient de Dieu, qui est la vie divine elle-même.

C'est ainsi que, progressivement, discrètement, peut être comprise la présence de Dieu dans les relations. Dans le oui à l'autre vient se glisser le oui au Tout-Autre. Et dans le oui à Dieu, Dieu se donne. Le oui à Dieu est aussi oui de Dieu, qui vient habiter le consentement, lui donner vie et consistance. Dieu peut alors être reconnu comme le Tiers (le troisième) dans la relation. Ainsi peut se comprendre la parole énigmatique de Jésus « Ce que Dieu a uni » :

> Une question à approfondir : À qui est-on fidèle dans la fidélité conjugale ?
>
> « *Le mariage est le sacrement de la fidélité de Dieu et à Dieu.* »
>
> André Barral-Baron

C'est l'amour humain qui fait découvrir l'amour divin.

L'histoire continue par un heureux jeu de mots. Lorsqu'il s'est agi de traduire *musterion* en latin, les auteurs occidentaux, Saint Augustin en particulier, ont trouvé un terme qui signifiait à la fois *serment inviolable* (le mot serment est issu du mot *sacramentum* dont il est comme un raccourci), et *symbole sacré*. *Sacramentum* était l'engagement du soldat dans la légion, *sacramentum* le sang du taureau sacrifié dont on s'aspergeait. Entre les deux significations, un point commun : l'idée de lien, entre les partenaires pour le serment, entre le visible et l'invisible pour le symbole. Le terme permet donc de dire à la fois la permanence du lien conjugal et qu'il est le symbole humain de l'amour divin.

Mais le mot n'a pas encore le sens, déjà entrevu, que lui donnera la théologie à partir du XIe siècle. A cette époque, on s'interroge beaucoup d'une part sur les sacrements eux-mêmes (en particulier sur leur mode d'action), d'autre part sur le contenu de la vie conjugale (naissance de toute une littérature sur l'amour). Le sacrement n'est plus perçu seulement comme « symbole sacré », mais comme « signe efficace de la grâce ». On se demande alors comment celle-ci se donne dans le sacrement de mariage et par quel acte celui-ci est effectivement scellé. Sur ce dernier point, pendant plusieurs siècles se sont opposées deux écoles. L'une, surtout franque et germanique, soutenait que c'était l'union charnelle qui créait le lien ; l'autre, d'origine surtout romaine, soutenait que c'était l'échange des consentements. Après bien des débats on parvint, au XIIe siècle, au compromis élaboré par le pape Alexandre III, encore valide aujourd'hui : le mariage est scellé par l'échange des consentements mais il ne devient effectivement indissoluble que par la « consommation charnelle ».

Tous les auteurs cependant, tel Saint Thomas d'Aquin, mettent l'accent sur l'unité de vie des époux et sur l'union des cœurs. (L'expression du Concile Vatican II, « communauté de vie et d'amour » est de l'un d'eux, Hugues de Saint Victor). C'est par l'intermédiaire de l'amour que la grâce, c'est-à-dire le don de Dieu, se communique aux conjoints. On a, si l'on veut, une structure à trois étages : les gestes et les rites du mariage signifient et réalisent l'amour humain et celui-ci à son tour signifie et réalise l'amour divin.

Peut-on préciser davantage comment a lieu ce passage, c'est-à-dire quel aspect de l'amour de Dieu est signifié et actualisé par la vie conjugale ? La tradition chrétienne l'a fait, en remontant en ligne directe au texte de Saint Paul déjà entrevu, le chapitre 5 de l'Épître aux Éphésiens. Mais celui-ci étant au nombre des références les plus difficiles, nous ne commencerons pas par lui. Nous partirons des textes les plus simples sur lesquels se sont appuyés les premiers théologiens du mariage.

RETOUR À L'ÉCRITURE

Les auteurs les plus anciens, en effet, ne compliquent pas les choses. Ils se réfèrent à des textes qui disent très simplement la présence du Christ au cœur de la vie des époux. Au début du IIIe siècle, deux d'entre eux, Tertullien et Clément d'Alexandrie, citent un verset souvent pris en un sens très général mais qui peut particulièrement bien s'appliquer au mariage :

« *Que deux ou trois soient réunis en mon nom,*
je suis là, au milieu d'eux ». (Mt 18, 20).

« Qui sont, demande Clément, les deux ou trois rassemblés au nom du Christ, au milieu desquels se tient le Seigneur ? N'est-ce pas l'homme, la femme et l'enfant, puisque l'homme et la femme sont unis par Dieu ? » C'est au moment de la prière en famille que Tertullien regarde le couple chrétien : « Entre eux deux, psaumes et hymnes retentissent. Le Christ se réjouit à cette vue et à ce concert. Il leur envoie sa paix. Là où deux sont réunis, il est présent lui aussi. Là où il est présent, le Mauvais n'a point sa place ».

L'Évangile et la famille

Remarquons qu'aux chapitres 18 et 19 de l'Évangile de Mathieu, une série de textes semble particulièrement concerner la vie familiale :

Les petits enfants (18, 1 à 10), *la correction fraternelle* (15 à 18), *la prière en commun* (19 à 20), *le pardon des offenses* (23-25), *l'interdit de la répudiation* (19, 1 à 11), *la continence volontaire* (v.12), *les petits enfants* encore (13 à 15), *le danger des richesses* (16 à 26), *le détachement des liens familiaux* (27 à 29).

Une mine pour une réflexion chrétienne sur la famille !

Un second passage a beaucoup inspiré les Pères : *Les Noces de Cana*. Récit d'une extrême richesse, si l'on pèse d'une part la portée de la présence de Jésus à des noces, d'autre part le symbolisme très fort des gestes et des mots qui y sont rapportés.

Les Noces de Cana

« Il y eut des noces à Cana de Galilée. La mère de Jésus y était. Jésus aussi fut invité à ces noces, ainsi que ses disciples. Or il n'y avait plus de vin, car le vin des noces était épuisé. La mère de Jésus lui dit : « Ils n'ont plus de vin ». Jésus lui répond : « Que me veux-tu, femme ? Mon heure n'est pas encore venue ». Sa mère dit aux servants : « Tout ce qu'il vous dira, faites le ».

« Il y avait là six jarres de pierre, destinées aux rites de purification des Juifs ; elles contenaient chacune deux ou trois mesures. Jésus dit aux servants : « Remplissez d'eau ces jarres ». Ils les remplirent jusqu'au bord. « Puisez maintenant leur dit-il, et portez en au maître du repas ». Ils lui en portèrent. Le maître du repas goûta l'eau changée en vin ; comme il en ignorait la provenance, tandis que les servants la connaissaient, eux qui avaient puisé l'eau, le maître du repas appelle le marié et lui dit : « Tout le monde sert d'abord le bon vin et, quand les gens sont gais, le moins bon. Toi tu as gardé le bon vin jusqu'à maintenant ! » Tel fut le premier des signes de Jésus.

Jean 2, 1 à 11.

À ceux qui douteraient de la valeur du mariage, le fait que Jésus inaugure sa vie publique en étant présent, avec sa mère et ses disciples, à un repas de noces vient apporter un magnifique démenti. Signalons que, puisque tout sacrement est référé à un geste du Christ, c'est à Cana que, selon la tradition et selon la formule du Droit de l'Église, Jésus a « élevé le mariage à la dignité du sacrement ». Parmi bien d'autres ressources du textes, retenons le symbolisme du miracle du vin. « Ils n'ont plus de vin ». Les ressources humaines de la noce viennent à s'épuiser. (Dans la poésie universelle, le vin est symbole de l'amour). Jésus vient relancer la fête (sauver nos amours de l'épuisement) par son vin nouveau. Et ce vin d'origine inconnue est meilleur que le premier...

CE QUE DIEU A UNI

Le principal passage des Évangiles au sujet du mariage est, bien sûr, la réponse de Jésus à la question des Pharisiens concernant la répudiation. On regrette parfois qu'apparemment le propos y soit doublement négatif, puisqu'il y est question de répudiation et d'interdiction. En réalité, si l'on prête attention à l'essentiel des paroles de Jésus, on découvrira le contenu fondamentalement affirmatif de sa parole.

Jésus et la répudiation

Des Pharisiens s'approchèrent de lui et lui dirent, pour le mettre à l'épreuve : « Est-il permis de répudier sa femme pour n'importe quel motif ? » Il répondit :

– « N'avez-vous pas lu que le Créateur, dès l'origine, les fit homme et femme, et qu'il a dit :

– Ainsi donc l'homme quittera son père et sa mère pour s'attacher à sa femme, et les deux ne feront qu'une seule chair » ? Ainsi ils ne sont plus deux, mais une seule chair. Eh bien ! ce que Dieu a uni, l'homme ne doit point le séparer. »

– Pourquoi donc, lui disent-ils, Moïse a-t-il prescrit de donner un acte de divorce quand on répudie ?

– « C'est, leur dit-il, en raison de la dureté de vos cœurs que Moïse vous a permis de répudier vos femmes ; mais à l'origine il n'en fut pas ainsi. Or je vous le dis : quiconque répudie sa femme – je ne parle pas de la fornication – et en épouse une autre, commet un adultère. »

Les disciples lui disent : « Si telle est la condition de l'homme envers la femme mieux vaut ne pas se marier ». Et lui de leur répondre : « Tous ne comprennent pas ce langage, mais ceux-là seulement à qui c'est donné ».

Mathieu, 19, 3-11

Au départ, une querelle entre rabbins, en même temps qu'un piège pour Jésus. Un des textes majeurs du judaïsme, attribué à Moïse par la tradition, le *Deutéronome*, offrait un cadre à la pratique de la répudiation :

> « *Soit un homme qui a pris une femme et consommé son mariage ; mais cette femme n'a pas trouvé grâce à ses yeux, et il a découvert une tare à lui imputer ; il a donc rédigé pour elle un acte de répudiation et le lui a remis, puis il l'a renvoyée de chez lui.* »
> (Deutéronome, 24, 1)

De là, d'interminables discussions autour des termes « n'a pas trouvé grâce » et « une tare à lui imputer ». Imaginons l'opposition entre les plus rigoristes et les plus libéraux... Pour les premiers, la « tare à imputer » devait être très grave (du niveau de la prostitution) ; pour les seconds, cela pouvait aller jusqu'à mal faire la cuisine ! Voici donc l'arrière-fonds de la question « pour n'importe quel motif ? ». Prenons alors conscience du prodigieux décalage entre cette problématique et la réponse de Jésus. D'emblée celui-ci fait appel à la mémoire la plus profonde du juif, au commencement de l'Ecriture : « N'avez-vous pas lu ? » Et d'enchaîner bout à bout deux versets de la Genèse que nous connaissons bien, chacun dans son contexte, les chapitres 1 et 2. Le premier (1, 27) nous renvoie à l'acte créateur de Dieu. Mais attention ! il ne s'agit pas là d'archéologie ou de préhistoire ! Pour un juif, pour Jésus, la création est au présent. Il s'agit de l'homme et de la femme dans le regard de Dieu, tels qu'ils sortent des mains du créateur. Une telle origine indique un avenir. L'homme et la femme ensemble image de Dieu, tout un programme.

Quant au second verset, l'ordre de Genèse 2, 24 déjà rencontré dans ce chapitre, Jésus l'attribue au Créateur lui-même : « Il a dit ». Il souligne la force de l'expression « une seule chair » (que l'on pourrait traduire par « une seule histoire », « une seule destinée ») en ajoutant « Ils ne sont plus deux ». A quel niveau faut-il entendre cette parole ? Car il est évident qu'ils restent deux et que cela est souhaitable. Même question pour la phrase majeure : « Ce que Dieu a uni. » Il ne faut pas lire ces mots d'un regard trop habitué. Quand, comment, qui, quoi, Dieu a-t-il uni ? La parole doit demeurer énigmatique. Elle vise l'action créatrice, infiniment mystérieuse, de Dieu. Elle dit un écart entre l'action de Dieu et l'action humaine. Si on lit bien le texte, c'est dans sa parole, par son triple ordre au futur (*quittera, s'attachera, ne feront*) que Dieu a uni ceux qu'il avait créés séparés.

C'est sur ce fond seulement que peut être entendu avec justesse l'interdit qui suit : « L'homme ne doit point le séparer ». Jésus pose ici une exigence très forte, qui va au-delà de toutes les morales de son temps (qui, toutes, autorisaient le divorce ou la répudiation). D'où la réaction bien humaine des disciples : « Si telle est la condition de l'homme envers la femme, mieux vaut ne pas se marier ! » Importance alors de la réponse de Jésus : « Tous ne comprennent pas ce langage, mais ceux-là seulement à qui c'est donné ». Comprendre cela est un don. Nous sommes ici au-delà de la morale et de la loi. Nous sommes dans l'ordre de l'appel et de la vocation à la sainteté.

Au-delà de la morale

Une partie des paroles de Jésus se retrouve dans un autre contexte :

Le Sermon sur la Montagne (Mathieu 5).

Elles entrent dans la même série que :

« Quiconque regarde une femme pour la désirer
a déjà commis l'adultère dans son cœur ».
« Quelqu'un te donne-t-il un soufflet sur la joue droite,
tends lui encore l'autre joue ;
Veut-il te faire un procès et prendre ta tunique
laisse-lui même ton manteau ;
Te requiert-il pour une course d'un mille,
fais en deux avec lui. »

Jésus ne se présente pas en nouveau législateur. Il ne reproche pas à Moïse de tenir compte de la « dureté des cœurs ». A deux reprises, il renvoie « à l'origine » (verset 4 & 8). Il montre l'homme et la femme dans le projet de Dieu. La fidélité jusqu'au bout avec une personne unique, telle est l'exigence de la vie nouvelle dans le Royaume, qui est ajustement à l'acte créateur. Humainement parlant, elle tient du prodige, aux yeux de la foi elle relève du mystère...

Historiquement, c'est cette idée *d'unicité* et de lien sans retour qui suggérera à la pensée chrétienne qu'il y a là « sacrement », selon le triple sens de ce mot : mystère, signe et réalisation de la manière divine d'aimer. C'est en étant unique que le mariage est à l'image de la relation au Dieu unique. Dans un monde où règne la pluralité, le mariage peut être compris comme une école d'unicité. « Un seul mariage comme il n'y a qu'un seul Dieu » a pu dire Tertullien.

Indissoluble ne signifie pas indestructible

> « *Le mariage est le sacrement de l'unicité de l'amour unique.* » (Pierre L'Huillier)

Tout cela est généralement traduit par le mot « indissolubilité ». Celui-ci a parfois été compris de manière trop juridique ou matérielle. Ce lien « qui ne peut pas être dissous » est trop souvent représenté à la manière d'une chose : chaîne, cadenas... C'est du lien entre deux personnes, donc entre deux libertés qu'il s'agit ici. En disant que l'homme ne *doit* pas séparer ce que Dieu a uni, Jésus ne dit pas qu'il ne le *peut* pas. Indissoluble ne signifie pas indestructible. L'indissolubilité est à la fois un don et une exigence. Un *déjà là* qui renvoie à un *pas encore*. Pour éviter les ambiguïtés de ce terme, d'autres mots seraient parfois préférables : le lien pourra être dit *unique, sans retour, indéfectible, irrévocable*. Nous verrons au chapitre suivant comment ces notions peuvent être confrontées à la fragilité humaine.

DE L'ALLIANCE À L'ALLIANCE

C'est seulement au terme de cet itinéraire que nous abordons le texte de l'Épître aux Éphésiens. Paul nous y conduit à la fine pointe du mystère chrétien, héritage de l'Ancien et du Nouveau Testament. Nous l'avons laissé, au seuil de ce sous-chapitre, dans l'étonnement devant le verset de Genèse 2, 24 : « Ce mystère est grand ». Mais voici qu'en interprète audacieux, il lit dans ce verset non seulement l'union de l'homme et de la femme, mais celle du Christ et de l'Église. Le contexte aide à mieux comprendre.

Aimez vos femmes !

Maris, aimez vos femmes comme le Christ a aimé l'Église : il s'est livré pour elle (...) De la même façon, les maris doivent aimer leurs femmes comme leur propre corps. Aimer sa femme, n'est-ce pas s'aimer soi-même ? Or nul n'a jamais haï sa propre chair ; on la nourrit au contraire et on en prend bien soin. C'est justement ce que le Christ a fait pour l'Église : ne sommes-nous pas les membres de son Corps ? *Voici donc que l'homme quittera son père et sa mère pour s'attacher à sa femme, et les deux ne feront qu'une seule chair* : ce mystère est de grande portée ; je veux dire qu'il s'applique au Christ et à l'Église.

Éphésiens, 5, 25 à 32.

On reproche souvent à Paul d'avoir demandé aux femmes d'être soumises à leur mari. Mais on oublie qu'il demande aux hommes d'aimer leurs femmes « comme le Christ a aimé l'Église », en *se livrant* pour elle. Rien de moins ! Si tous les maris aimaient ainsi leur épouse... Voici donc quel amour Paul offre en modèle aux conjoints. Plus que cela, il comprend l'amour conjugal et l'amour du Christ pour son Église comme expression d'un même *mystère*, celui qui est contenu dans les paroles du verset de la Genèse. Dans l'acte de quitter son origine et de faire alliance, Paul perçoit le mariage, bien sûr, mais aussi le mouvement par lequel le Christ s'est uni à l'Église (si l'on lit attentivement le texte, on verra que celui-ci ne dit pas exactement que le mariage est l'image de l'union du Christ et de l'Église). L'un et l'autre renvoient à un mystère commun, qui est celui du don, de l'être livré, de l'agapè.

Pour bien comprendre cela, il faut se rappeler que Paul se situe à l'aboutissement d'une grande tradition, dite « prophétique », qui, depuis huit siècles, avait choisi le mariage comme symbole de la relation de Dieu avec son peuple. L'inaugurateur de cette tradition fut sans doute le prophète Osée qui, ayant connu des déboires dans sa vie conjugale, comprend sa souffrance à la lumière de celle de Dieu, et réciproquement. Les infidélités de l'épouse sont l'image de celles d'Israël. Mais Dieu est fidèle et prêt à la réconciliation.

Infidélités

« Quand Yavhé commença de parler par Osée, Yavhé lui dit : « Va, prends une femme portée à la prostitution, car le pays, abandonnant Yavhé, ne fait que se prostituer ». Il s'en alla donc prendre Gomer, fille de Diblayim, qui conçut et lui enfant un fils (...) Elle conçut à nouveau et enfanta une fille (...) Elle conçut encore et enfante un fils. « Appelle le Pas Mon Peuple, dit Yavhé, car vous n'êtes pas mon peuple, et je ne suis pas votre Dieu » (...)

Oui, leur mère s'est prostituée, celle qui les conçut s'est déshonorée ; elle a dit : « Je veux courir après mes amants, eux qui me donnent mon pain et mon eau, ma laine et mon lin, mon huile et ma boisson. »

C'est pourquoi je vais fermer son chemin avec des épines, j'obstuerai sa route, pour qu'elle ne trouve plus ses sentiers ; elle poursuivra ses amants et ne les atteindra pas, elle les cherchera et ne les trouvera pas. Alors elle dira : « Je veux revenir à mon premier mari ; car j'étais plus heureuse autrefois qu'aujourd'hui » (...)

> C'est pourquoi je vais la séduire, la conduire au désert et parler à son cœur.
>
> « Je te fiancerai à moi pour toujours ; je te fiancerai dans la justice et dans le droit, dans la tendresse et dans l'amour ; je te fiancerai à moi dans la fidélité, et tu connaîtras Yavhé ».
>
> Osée, 1-2

La plupart des grands prophètes, à la suite d'Osée, auront recours à la même image. Nous avons entrevu au chapitre I combien ils ont ainsi contribué à rapprocher les notions d'alliance et d'amour. Mais remarquons bien que la Bible, par cette analogie, ne présente pas un couple idéal, un modèle qu'il suffirait d'imiter. C'est, au contraire, de couples tumultueux qu'il s'agit, d'histoires de patience et de réconciliation, sur fond d'infidélité. La fidélité n'est pas du côté des hommes, mais du côté de Dieu. Nous ne sommes pas invités à projeter en Dieu notre vision du couple mais, à l'inverse, à recevoir de Dieu, de la foi en sa fidélité, la révélation de ce que peut être une fidélité humaine.

A partir de là, entre le mariage humain et l'Alliance divine, a lieu un jeu de va-et-vient. Le mariage révèle un aspect de Dieu et Dieu révèle la vérité du mariage. L'alliance et l'Alliance s'éclairent mutuellement. C'est alors que nous retrouvons Saint Paul. En effet, l'Incarnation du Christ, sa vie, sa mort et sa résurrection sont le sommet de l'Alliance entre Dieu et les hommes, qui devient l'union du Christ et de l'Église. A plusieurs reprises, le Nouveau Testament appelle le Christ « époux » et l'Église « épouse ».

En ce foyer de sens peut se comprendre la parenté entre le mariage et l'eucharistie, à laquelle la tradition orientale est particulièrement sensible. En célébrant l'eucharistie, les époux célèbrent ce que, radicalement, ils sont appelés à vivre. Eucharistie et mariage sont tous les deux sacrement de l'Alliance, c'est à dire de l'amour « jusqu'au bout ». On pourrait dire que si la première est traditionnellement appelée sacrement de l'Alliance « sous les espèces » du pain et du vin, le second pourrait être dit sacrement de l'Alliance « sous les espèces » du corps et de la vie des conjoints. Dans l'un et l'autre cas, c'est *d'être livré* qu'il s'agit. Les époux qui communient puisent à la source commune de leur amour.

> *« Il n'y a pas de plus grand amour que de donner sa vie pour ceux que l'on aime ».* (Jean 15, 13)

LE SACREMENT AU QUOTIDIEN

On entend trop souvent le mot « sacrement » en un sens limité dans le temps, au moment de la cérémonie. Pourtant, de même que le mot « mariage » désigne non seulement l'inauguration d'un état de vie mais cet état de vie lui-même dans toute sa durée, de même le sacrement s'étend-t-il à toute la vie du couple. *C'est tout le mariage qui est sacrement.* Disons même que l'on entre progressivement dans le sacrement. Sacramentels sont les actes qui le constituent : les repas pris en commun, les étreintes charnelles, l'accueil des hôtes, l'éducation des enfants, les attentions mutuelles et même les crises et les réconciliations. Le lieu du sacrement n'est pas seulement le chœur de l'église mais le lit, la table, la maison. Ébauchons seulement quatre directions dans lesquelles ceci peut être découvert.

LE SACREMENT DES CORPS

Nous avons plus haut rapproché les notions de sacrement et d'incarnation. Nous avons vu également que, pour une importante tradition, jusqu'au XIIe siècle, l'union des corps était considérée comme l'acte fondateur du mariage. Dans la définition encore retenue aujourd'hui par le Droit de l'Église, la « consommation charnelle » tient une plus grande place que, par exemple, dans le Code Civil français. Mais, là encore, il ne s'agit pas de limiter celle-ci à la seule nuit de noces ! Elle aussi s'étend dans le temps. C'est toute la vie de tendresse entre les époux, sous ses formes variables à travers la durée, qui va incarner le sacrement, lui donner chair, l'entretenir comme on entretient un feu.

Le langage des gestes, qui est le langage du désir, confirme la vocation des corps à exprimer l'alliance. La caresse, l'étreinte, le baiser, la pénétration elle-même disent l'accueil et le don réciproque, l'apprivoisement des corps toujours renouvelé, l'ouverture à l'autre et la douceur de l'enveloppement mutuel, la plus grande des proximités sur fond d'expérience de la différence. La jouissance elle-même est abandon, cri vers la rencontre, mime de l'extase. Qu'elle aille ou non jusqu'à l'orgasme, l'union des corps est réconciliation avec la vie, ressourcement, moment de jeu, de fête et de repos au milieu des difficultés de l'existence. L'horizon de la fécondité, par l'ouverture du couple, à travers le temps, au don de la vie, vient donner encore plus de poids et de prix à ces mêmes gestes.

Si l'on rapproche ces données de l'affirmation, par Paul, que notre corps est le *Temple du Saint Esprit*, c'est à dire le lieu de la présence réelle de Dieu (1 Co. 6, 19), à quelles perspectives ne parvient-on pas ! Même si elle l'a peu exploité dans le passé, la pensée chrétienne est porteuse d'un trésor de sens pour donner tout son prix à la vie corporelle.

UNE DYNAMIQUE PASCALE

Si la vie conjugale est le lieu de joies et de plaisirs qui lui sont propres, elle comporte aussi une part inévitable de souffrances. Sans parler ici des accidents parfois tragiques de la vie, il y a cette souffrance fondamentale de devoir mourir pour renaître, cette nécessaire transformation de soi qui fait de tout amour une *passion*. Mourir à une vie indépendante, ancienne, connue pour accéder à une vie commune, nouvelle, inconnue. Renoncer à ses petites habitudes, à certains attachements, à son égoïsme naturel pour permettre à l'unité de grandir. Renoncer à telle image de la vie de couple pour en découvrir de nouvelles, selon l'arrivée des enfants, leur croissance, leur départ... Dans la perspective du sacrement, ces renoncements sont vécus comme participation à la Pâque du Christ, dans la confiance et l'espérance. Ils sont l'expérience concrète que « Si le grain de blé ne tombe en terre et ne meurt, il reste seul ; s'il meurt, il porte beaucoup de fruits » (Jean, 12, 24).

Nous verrons au chapitre suivant que cela n'est pas toujours facile à mettre en œuvre. Il faudra notamment faire la part entre cette perspective spirituelle et le légitime désir (ou même devoir) de survie psychique personnelle. Donner sa vie, ce n'est pas être étouffé par l'autre. Mais les deux choses ne se situent pas au même plan et la vérité selon laquelle c'est en perdant sa vie qu'on la trouve demeure au cœur du sens chrétien de l'amour.

SACREMENT ET GUÉRISON

On oublie souvent de parler de la grâce sacramentelle comme d'une grâce de guérison. Telle est pourtant une des composantes de tout sacrement. Il serait illusoire d'envisager la vie conjugale, la vie affective ou sexuelle comme si nous n'étions pas profondément blessés, troublés et prisonniers, non seulement en raison de nos limites humaines mais aussi du péché. La vie conjugale a besoin d'être sauvée de mille périls. Pour cela, la grâce du sacrement n'a rien de magique. Elle dispose à l'accueil du don de l'Esprit-Saint qui, en renouvelant de l'intérieur nos libertés, les fait entrer dans un dynamisme de re-création et d'espérance.

Prenons l'exemple du pardon. Combien d'échecs conjugaux ne sont-ils pas dûs au fait que l'un des deux conjoints a cessé de pardonner. « Maintenant, c'est fini, je ne lui pardonne plus ! » Humainement, cela se comprend et peut signifier dans certains cas le refus de se laisser détruire par l'autre. Mais, au niveau de l'appel fondamental, à la question : « Combien de fois devrai-je pardonner les offenses que me fera mon frère ? Irai-je jusqu'à sept fois ? » Jésus répond : « Je ne te dis pas jusqu'à sept fois, mais jusqu'à soixante-dix-sept fois » (c'est-à-dire sans fin). Or, (coïncidence ?) ce texte se trouve, dans l'Évangile de Mathieu, immédiatement avant le passage sur l'indissolubilité. Pas de lien conjugal qui tienne sans pardon.

Pardonner, ce n'est pas « s'écraser ». Ce n'est pas passer l'éponge, refouler sa rancœur, se laisser détruire en silence. Le véritable pardon, comme le suggère le livre du Lévitique (19, 17) suppose de pouvoir dire à l'autre le mal qu'il nous a fait. Le par-don est le « don par-delà » l'offense, le renouvellement de la confiance, le désir de recréer la relation. Il suppose l'espérance. Il exige le courage de parler et de faire la clarté. Un des actes humains les plus difficiles qui soient, de même que demander pardon. La grâce du Saint-Esprit n'y sera pas superflue !

UN MINISTÈRE DANS L'ÉGLISE

Le mariage devient sacramentel, avons-nous dit, en devenant ecclésial. Or, on oublie souvent que se marier, c'est aussi recevoir une mission. C'est déjà donner naissance à une nouvelle cellule d'Église, la famille. Mais c'est aussi être consacrés à une tâche spécifique que Jean Paul II, à la suite du Synode de 1980 (consacré à la famille) n'a pas craint de nommer « ministère authentique »[8]. La première tâche de ce ministère sera bien sûr l'éducation des enfants, « éducation et évangélisation », précise le texte. Mais la mission du couple s'étend au-delà des quatre murs de la maison. Le couple et la famille en tant que tels ont une mission vers l'extérieur : accueil, hospitalité, témoignage, entr'aide, liturgie, catéchèse, etc.

On dit parfois que la famille est la cellule de base de la société. Mais que serait une cellule sans corps ? Se marier, c'est aussi accepter d'appartenir à un corps plus vaste. Du corps des époux au corps familial et de celui-ci au corps ecclésial et social, la dynamique du sacrement est aussi une dynamique d'intégration et de service.

Une mission éducative

Grâce au sacrement de mariage, la mission éducative est élevée à la dignité et à la vocation d'un « ministère » authentique de l'Église au service de l'édification de ses membres. Ce ministère éducatif des parents chrétiens est si grand et si beau que saint Thomas n'hésite pas à le comparer au ministère des prêtres. (...)

Le ministère d'évangélisation et de catéchèse de l'Église domestique[9] doit demeurer en union étroite et s'harmoniser consciemment avec tous les autres services d'évangélisation et de catéchèse ecclésiale, soit diocésaine, soit paroissiale.

Jean Paul II, *Les tâches de la famille chrétienne*, parag. 39 et 53.

Chapitre 6

LE TEMPS DE LA FÉCONDITÉ

A deux reprises, récemment, des couples amis nous ont annoncé qu'ils avaient décidé de se marier parce qu'il envisageaient d'avoir un enfant. Je pense plutôt que l'on se marie parce que l'on s'aime, pour consacrer un amour. Il y a tant à vivre à deux... Construire un couple est déjà si merveilleux et difficile à la fois... Je ne ressens pas le désir d'avoir un enfant, encore moins une famille nombreuse. L'avenir est si incertain, la terre tellement peuplée... Et je voudrais avant tout m'occuper de ma carrière, ainsi que Juliette. Grâce à la contraception, nous pouvons repousser l'échéance des dérangements qu'apporterait une naissance. Est-ce un signe que nous ne sommes pas prêts pour nous marier ?

Laurent

Depuis quelques décennies, lorsque l'on parle de mariage, il est surtout question d'amour et de couple. On n'évoque qu'en passant les enfants qui pourront naître de cette union. Il y a là un trait culturel. Pendant des siècles et sur tous les continents, le but premier du mariage a été la procréation et la légitimation des enfants. Ce fut certainement une avancée humaine, morale et spirituelle que de mettre en avant l'amour. Mais il s'avère que celui-ci appelle la fécondité. Que serait une union qui n'aurait d'autre visée qu'elle-même ? Ne risquerait-elle pas d'être un égoïsme à deux ? Aujourd'hui comme hier, le mariage n'est pas seulement l'union de deux cœurs, mais la *fondation d'une famille*, le commencement d'une histoire où d'autres seront impliqués. Cela dit, si les enfants sont les premiers et les plus évidents fruits du mariage, la fécondité de celui-ci peut prendre d'autres formes.

FONDER UNE FAMILLE

On attribue souvent à la tradition biblique ou catholique le point de vue selon lequel la « fin première » du mariage est la procréation. En réalité cette doctrine, incontestablement traditionnelle en christianisme, déborde largement celui-ci. Elle est, comme nous venons de le rappeler, la plus ancienne et la plus universelle. L'apport le plus original de la pensée chrétienne a plutôt consisté, dès l'origine, à mettre l'accent sur l'amour conjugal. (Rappel des chapitres I et V). Dans le livre de la Genèse, le verset que nous avons déjà plusieurs fois rencontré, selon lequel « *l'homme quittera son père et sa mère...* » ne se termine pas, comme il eût été normal à l'époque, par : « *et ils auront beaucoup d'enfants* », mais par : « *et ils seront une seule chair* » !

Au Ve siècle, saint Augustin qui a, par ailleurs, beaucoup insisté sur la procréation, écrivait pourtant : « *Le mariage est un bien non seulement à cause de la procréation des enfants mais en raison même de la communauté naturelle qu'il établit entre les deux sexes.*[10] » Dans de nombreuses cultures, la stérilité de la femme était un motif de répudiation, ce que n'a pas accepté le christianisme. Aujourd'hui encore, pour le droit de l'Eglise catholique, si l'impuissance est un empêchement au mariage, il n'en va pas de même pour la stérilité.

Mais il serait tout-à-fait vain d'opposer ces deux buts. Amour et fécondité sont appelés à aller de pair. Entre l'un et l'autre il y a continuité. Le désir d'enfant vient accomplir l'amour, le couronner et l'ouvrir en même temps. « Je désire un enfant de toi » est une façon de dire à l'autre que je l'aime. Désirer un enfant de lui, c'est désirer que l'union s'incarne et se prolonge en un troisième. Dans le visage de l'enfant et dans tout son corps se mêleront nos traits et nos héritages. « *L'enfant naît grâce aux deux, et c'est là que leur chair devient une* » : ainsi l'un des maîtres de la pensée juive, Rachi, interprète-t-il l'expression de Genèse 2, 24 que nous venons de citer[11].

L'amour conjugal et l'amour parental s'appellent l'un l'autre, viennent s'enrichir mutuellement, dans les deux sens. Vivre ensemble les joies et les peines de la vie de parents nourrit l'union, même si cela peut aussi être source de difficultés. On parle souvent aujourd'hui des tensions que peut introduire dans la vie du couple la venue des enfants : du premier d'abord, puis du deuxième... Même s'il y a du vrai en cela, il ne faut pas oublier combien cette venue contribue aussi à renforcer, alimenter et faire rayonner le lien. Le couple n'a pas vocation à rester enfermé dans le face-à-face en duo. L'accueil des enfants viendra ouvrir l'amour, l'empêcher de se refermer sur le cercle clos d'un égoïsme à deux. Si l'amour est don, le fécondité est comme le don de ce don, son redoublement, son incarnation.

> « *Le dynamisme de l'amour ne s'arrête ni à l'instant présent, ni à la personne aimée.* »[12]
>
> Emmanuel Lévinas

Réciproquement, dans l'autre sens, l'amour conjugal apporte beaucoup à l'amour paternel et maternel. C'est un des plus grands bienfaits pour l'enfant que de pouvoir compter sur la solidité du lien qui unit son père et sa mère. On tend à oublier cela aujourd'hui où certains prétendent que l'on pourrait fonder la famille sur autre chose qu'un engagement clair et solennel entre les (futurs) parents. Si le lien conjugal n'est pas stable, chacun sait bien qu'il y a de fortes probabilités pour que, par la séparation, l'une de ces deux relations, père-enfant ou mère-enfant soit fragilisée. Nous nous marions donc aussi pour cela : pour signifier que nous sommes résolus à tout faire pour que nos enfants puissent compter sur la solidité et la qualité du lien qui nous unit.

L'enfant ne reçoit pas l'amour parental des seules personnes de sa mère ou de son père, séparément, « en ligne directe ». Il bénéficie aussi et d'abord du rayonnement de l'amour qui relie ses parents entre eux. Ce qu'un père peut apporter de plus précieux à ses enfants, dit un psychanalyste, c'est le bonheur qu'il donne à leur mère[13]. On ajoutera, bien sûr : et réciproquement (même s'il n'y a pas symétrie parfaite, la relation père-enfant étant plus indirecte). Il ne s'agit pas ici de nier la possibilité des échecs ou des ruptures - dont nous parlerons au chapitre suivant. Dans ces situations pourront se révéler des ressources, chez l'enfant comme chez ses parents, pour vivre au mieux la dissociation familiale. Mais cela ne va pas sans blessures, sans souffrances et sans risques de dérives. Du point de vue du cap à viser, de ce qui est à vouloir *a priori*, le meilleur est de tout faire pour que l'unité familiale *et donc d'abord* conjugale ait toutes ses chances.

TRANSMETTRE LA VIE

Ainsi que tout désir humain, le désir d'enfant est complexe. Il comporte une part de vœux plus ou moins illusoires : vaincre la mort en se prolongeant dans l'autre, vivre à travers lui ce que nous n'avons pas pu vivre nous-mêmes, se refléter en lui comme en un miroir, payer une dette envers la vie... Il serait bon que celui qui désire un enfant s'interroge sur le sens profond de son désir. Veut-il simplement « se reproduire » ? Il n'est pas difficile de montrer l'inexactitude d'une telle expression et donc la vanité d'un tel vœu.

Le mariage n'est pas seulement l'union de deux cœurs

Certains traits de culture contemporaine, certains discours ayant pignon sur rue (ou sur médias) développent une conception exclusivement intime, privée ou même égoïste du désir d'enfant. Ce dernier viendrait conforter ce que l'on appelle le *narcissisme*, c'est-à-dire l'amour d'une image de soi. S'aimer à travers son enfant... C'est ainsi que, selon Élisabeth Badinter, « *on procrée avant tout pour satisfaire et enrichir son moi ; nous faisons des enfants pour nous reproduire nous-mêmes, nous voir, nous admirer dans cet autre qui est une partie du moi.* » Est-ce là votre point de vue ?

Dans une telle perspective, le désir d'enfant sera à la fois exacerbé (c'est une catastrophe s'il ne se réalise pas, très vite) et parcimonieux. Dans la plupart des pays occidentaux, le nombre moyen d'enfants par femme est inférieur à deux : 1, 7 en France, 1, 3 en Italie, en Espagne et en Allemagne, 1, 5 en Suisse, alors que la barre de renouvellement des générations est à 2,1. Bien souvent, le souci du confort matériel et de la carrière professionnelle passent avant toute autre considération. Pense-t-on par exemple à tout ce qu'apporte à l'enfant la relation avec des frères et sœurs ?

L'enfant privatisé

« *On observe, en ce temps féru d'émancipation, un curieux repli sur l'enfant, privatisé à l'extrême. Jamais personne ne dit qu'il procrée pour donner des citoyens à l'Etat, ou des religieux à l'Eglise, ou de nouvelles intelligences à la culture. Ce langage semblerait extravagant.*

France Quéré.

En sa fine pointe, c'est-à-dire lorsqu'il est vraiment tourné vers l'autre et vers l'avenir, le désir d'enfant n'est pas seulement désir de *se reproduire* mais désir de *donner la vie*. Transmettre une vie que l'on a soi-même reçue, qui vient de plus loin que soi, de plus loin que nous. Chacun reçoit l'enfant de l'autre, d'une manière différente. Ainsi donc procréer est-il l'expérience que donner la vie, c'est la recevoir. Expérience aussi que l'on n'est pas fécond tout seul. La fécondation de l'ovule par le spermatozoïde est un apport de différence. De la fusion des patrimoines génétiques naît un être nouveau, inédit, singulier. Ce que nous dit la biologie peut aussi être transposé aux plans psychologique et spirituel. Etre fécond, c'est s'ouvrir à la différence, à l'autre, à ce que nous ne produisons pas mais qui vient à nous, non seulement comme individus mais comme couple, c'est-à-dire en communauté, en communion.

Contrairement à ce que laisse entendre une expression trop souvent entendue, les parents ne « font » pas leur enfant. Ils s'aiment, ils s'unissent ... et le reste a lieu au-delà de leur initiative, dans le corps de la femme. Ils « *attendent* » alors cet enfant, et celui-ci « *vient au monde.* » Ces deux expressions sont beaucoup plus justes et plus belles. Il est important que, dès le commencement de sa vie, les parents ne se considèrent pas comme les « fabricants », ni les maîtres, ni les possesseurs de leur enfant. La vie se chargera de le leur apprendre, parfois douloureusement, s'ils en ont l'illusion. « Les parents croient faire leurs enfants ...heureusement, les enfants ne se laissent pas faire », disait avec humour Françoise Dolto.[14]

Procréation n'est pas création. Aux yeux de la foi, Dieu seul est créateur. Lui seul est la source absolue de la *vie* (au sens fort de ce mot). Les « pro-créateurs » sont, entre lui et l'enfant, ses intermédiaires, ses coopérateurs pour exercer leur responsabilité propre, qui est de l'aider à grandir, témoignant envers lui d'un amour qui est précisément l'une des meilleures images, sur terre, de l'amour divin. (Pensons à la parabole de « l'enfant prodigue »).

Coopérateurs de Dieu

« Toute génération porte en soi la ressemblance, c'est-à-dire l'analogie, avec la génération divine. »

« En affirmant que les époux, en tant que parents, sont des coopérateurs de Dieu Créateur dans la conception et la génération d'un nouvel être humain, nous ne nous référons pas seulement aux lois de la biologie ; nous entendons plutôt souligner que, dans la paternité et la maternité humaines, Dieu lui-même est présent selon un mode différent de ce qui advient dans toute autre génération sur la terre.[15] *»*

Jean-Paul II

Cela doit être rappelé en un siècle qui est celui de la technique, c'est-à-dire de la maîtrise. Cette attitude risque d'imprégner la relation à l'enfant elle-même. Celui-ci devra être conforme aux attentes des parents, eux-mêmes influencés par les normes de la société. « *Elles veulent des super-bébés* », titrait un hebdomadaire[16]. Il doit arriver au moment voulu, dans un programme planifié. « *Un bébé décontracepté, sinon rien* », résume avec humour un essayiste[17]. Un des paradoxes de notre culture est qu'apparemment l'enfant y est roi, adoré comme un demi-dieu, sans qu'il y ait vraiment sa place. Sitôt qu'il cesse d'être un roi, il devient vite un gêneur. Très vite on aura hâte qu'il devienne un adulte en miniature. Le temps qui lui est consacré par sa mère ou par son père sera compté, en concurrence avec le travail professionnel, la sacro-sainte carrière. Pourtant, aimer quelqu'un, n'est-ce pas d'abord lui donner du temps ? Dès lors, il est important de se poser une question : quelle place sommes-nous disposés à accorder à l'enfant lors des décisions importantes de notre existence ?

L'aventurier moderne

Il n'y a qu'un aventurier au monde, et cela se voit très notamment dans le monde moderne ; c'est le père de famille. Les autres, les pires aventuriers ne sont rien, ne le sont aucunement en comparaison de lui. Ils ne courent absolument aucun danger en comparaison de lui. (...) Les autres, au maximum, ne jouent que leur tête, et ce n'est rien. Lui au contraire il joue tous les membres. Les autres ne souffrent qu'eux-mêmes. Il en fait souffrir d'autres, il en est responsable. Lui seul, il a des otages, la femme, l'enfant, et la maladie et la mort peuvent le frapper dans tous ses membres. Les autres naviguent à sec de toile. Lui seul il expose, il est contraint d'exposer aux tempêtes de mer un énorme appareil, un corps plein, toute la toile ; et quelle que soit la force du vent il est forcé de naviguer au plein de ses voiles. Tout le monde a barre sur lui et il n'a barre sur personne. Il se meut perpétuellement avec ses otages, sur toute la largeur de ces terribles otages. L'événement, le malheur, la maladie, la mort, tout l'événement, tout le malheur a barre sur lui, toujours ; il est toujours exposé à tout, en plein, de front, parce qu'il navigue sur une énorme largeur. Les autres se faufilent. Ce sont des corsaires. Ils sont à sec de toile. Mais lui, qui navigue, qui est forcé de gouverner sur cette immense largeur, lui seul il ne peut point passer inaperçu de la fatalité. C'est donc lui qui est engagé dans le monde, et lui seul. Tous les autres peuvent s'en jouer. Lui seul paye pour tout le monde. Chef et père d'otages lui-même il est toujours otage.

Charles Péguy

ET LA CONTRACEPTION ?

Pour des raisons d'ordres très divers il apparaît aujourd'hui souhaitable à tous de ne pas soumettre la venue au monde des enfants aux seuls aléas du hasard et de la biologie. De même il ne viendrait à l'idée de personne de n'avoir de relations sexuelles que dans le but de procréer. Presque tous s'accordent à reconnaître dans l'union au moins deux autres fins, étroitement liées : l'expression de la tendresse et la jouissance. Conformément à cet état d'esprit et grâce à l'apparition de nouvelles méthodes ou techniques, union et procréation sont aujourd'hui aisément dissociées, ce qui peut être reconnu comme une libération, un soulagement par rapport aux temps où l'angoisse d'une conception non souhaitée ou non souhaitable pesait sur les couples (sur les femmes, le plus souvent).

Mais cela ne doit pas pour autant conduire à dissocier entièrement, quant à leur sens, leur valeur, leur portée, sexualité et fécondité. L'attention au sens de l'union charnelle, comme à celui du désir lui-même, conduit à prendre conscience que *l'horizon de la fécondité fait partie du sens plénier de la sexualité.* N'oublions pas que dans le mot « génital » il y a le verbe latin « *genere* », qui signifie « engendrer ». La génitalité, c'est aussi la capacité d'engendrer ! Freud lui même reconnaissait dans le désir d'enfant un signe de maturité du désir sexuel, qui oriente celui-ci vers l'avenir. C'est le couple aussi qu'il tourne vers l'avenir, étant une des expressions de son désir de durer.

Que notre lit d'amour se prolonge après nous.

Que l'acte sexuel soit, selon l'expression réaliste de Jean Toulat, un « acte inséminateur » serait-il sans incidence aucune sur sa signification, son retentissement ? Pour la conscience superficielle, peut-être, mais non pour la conscience profonde. Chacun sait, au fond de lui-même, qu'il est né d'un tel acte. Dans le vertige de la volupté vient se glisser le vœu que l'union si fugitive ait une chance de s'incarner un jour en une vie réelle et durable.

> « *Que notre lit d'amour se prolonge après nous et dresse sa pénombre dans un regard qui rêve, oui, cela a de quoi rendre heureux.*
>
> René Char.

Trois notions doivent ici être distinguées :

– La *maîtrise de la conception* : l'expression (à relativiser certes, car on ne maîtrise jamais entièrement la conception) désigne la mise en œuvre responsable des moyens appropriés pour espacer raisonnablement les naissances ;

– *La contraception* est l'intervention sur les processus de la conception pour empêcher celle-ci ;

– *La mentalité contraceptive* est la dissociation de deux significations : celle d'une sexualité pensée et vécue tout-à-fait en dehors de l'idée de fécondité, laquelle n'est alors présentée et perçue que comme une menace, au même titre que les maladies sexuellement transmissibles !

« *L'état permanent de la femme aujourd'hui est celui de la stérilité artificielle.* » (Louis Roussel) Que pensons-nous de cela ?

Pour le choix de sa méthode de régulation des naissances, chaque couple se trouve devant une alternative qui est souvent occultée aujourd'hui, parce que certaines méthodes sont considérées comme allant de soi : espacerons-nous les naissances par la *connaissance* (des cycles et moments de fertilité) ou par l'*action* (sur les processus de la conception) ? On a trop souvent abordé cette question en termes de « permis » ou « défendu ». En un domaine aussi intime, aux paramètres si subtils, il faut dépasser une telle problématique. Le souhaitable est que chaque couple, bien informé sur toutes les méthodes possibles*, s'interroge de temps en temps non seulement en termes d'efficacité mais aussi en pesant les critères suivants :

– Notre choix prend-il bien en compte le respect dû au corps féminin, à son intégrité, ses rythmes, sa santé ?

– Notre choix est-il bien commun, fruit d'un dialogue entre nous, souci porté par nous deux (et non seulement par la femme) ?

* Connaissez-vous, par exemple, les « MAO » (méthodes d'auto-observation) ? Pour une information équilibrée sur ces questions, une adresse (parmi d'autres) : le CLER, 65, boulevard de Clichy, 75009 Paris.

– La méthode que nous avons choisie est-elle susceptible de nous rappeler à tous deux, régulièrement, la dimension féconde de la sexualité ?

– Nos relations sexuelles ne risquent-elles pas de tomber dans l'accoutumance ?

– Question la plus grave : la technique choisie n'implique-t-elle pas la destruction d'une vie humaine commencée (œuf fécondé) ?

ÉPREUVES

Il arrive que ce soit par l'épreuve que l'enfant manifeste qu'il échappe à nos pouvoirs. Nombreux sont les risques de souffrance auxquels s'exposent les parents ou les époux qui désirent le devenir.

Donne moi un enfant ou je meurs, disait Rachel à Jacob.

La *stérilité* tout d'abord. Un couple sur dix sera dans l'incapacité de donner naissance à un enfant. (Ce nombre augmente actuellement à cause de la multiplication des maladies sexuellement transmissibles contractées lors de relations sexuelles précoces). Dure épreuve, qui oblige à faire le deuil d'un des désirs les plus fortement ancrés au cœur de l'homme et, plus encore, de la femme. « Donne moi un enfant, ou je meurs », disait Rachel à Jacob (Genèse 30, 1), dans une culture où la stérilité était, de surcroît, infâmante pour la femme. Tel n'est plus le cas aujourd'hui, mais le renoncement demeure difficile et le chemin est rude vers la découverte d'autres formes de fécondité.

Les *procréations médicalement assistées* offrent leurs ressources. Mais elles ne vont pas sans comporter nombre d'obstacles et d'écueils. Il faut savoir que, malgré la difficulté et la longueur des démarches, le taux de succès, c'est-à-dire le nombre de celles qui aboutissent à une naissance, reste faible : 12 % pour la FIVETE (fécondation in vitro et transfert d'embryon). En outre, si certaines techniques ne posent pas de problème éthique majeur (par exemple, l'IAC, insémination artificielle avec le sperme du conjoint), d'autres suscitent de graves questions. Ainsi en est-il de la FIVETE lorsque celle-ci implique, ce qui est fréquent, la destruction d'embryons, ou encore de l'IAD (insémination artificielle avec donneur) qui, en la personne du donneur de sperme (même anonyme) introduit une tierce personne dans la vie du couple et dans l'histoire de l'enfant. Don d'ovule, mères de substitution (dites « porteuses »), posent d'autres sérieux problèmes, mieux perçus, en général, par l'opinion. Chaque couple devra, en conscience, peser ces enjeux, en tenant compte non seulement de ses désirs légitimes mais des « biens humains fondamentaux » en présence :

- respect de l'embryon,
- santé psychique de l'enfant,
- unité du couple,
- modèles familiaux impliqués,
- accueil fondamental de la vie comme don.

« L'adoption me paraît préférable » reconnaissait un jour à Lyon un des pionniers des procréations assistées, René Frydman. Bien que difficile elle aussi, cette voie est porteuse de grandes valeurs, insuffisamment reconnues. Histoire de l'accueil d'un étranger qui devient proche, « chair de la chair » de ses seconds parents. Mise en œuvre de cette vérité selon laquelle paternité et maternité reposent plus fondamentalement sur l'amour que sur le biologique (sans nier l'importance de ce dernier et, particulièrement, sans renier ou occulter l'existence des premiers parents). Les obstacles ne manqueront pas, à l'adolescence surtout. L'inconnu pesant sur les origines et les blessures éventuelles des premiers mois de la vie feront surgir maints tourments spécifiques. Mais le risque ici est à la hauteur du prix inestimable de ce qui est en jeu. Pour beaucoup d'enfants, l'adoption a réellement été une seconde naissance.

Fils adoptif

Fabrice a dix-sept ans lorsque ses parents décident de lui dire la vérité : « Je n'ai éprouvé aucune surprise. Intuitivement je le savais déjà. Ce curieux manque de ressemblance entre moi-même et mes parents. Ces gestes furtifs de ma mère lorsque les gens posaient des questions à mon sujet, gestes auxquels je faisais semblant de ne pas prêter attention. Ces réflexions sur mon air *pas français*. Et ce sentiment intime d'être un peu étrange par rapport à ma famille. (...)

Je ne voulais pas de détails. Sans doute par peur d'une réalité qui aurait pu me faire mal. J'avais seulement confirmation de ma différence. Je m'imaginais tout un roman familial. Je *voyais* ma mère comme si je la connaissais. Comme une image gravée dans la mémoire.

A la mort de mon père adoptif, ma mère a fait allusion à mes origines russes. J'en ai été à peine étonné : dans mes rêves, il m'arrivait de parler russe, sans problème. Curieux, non ? Comme cet intérêt pour les langues étrangères, qui m'attirent plus que la langue française... »

Pour Fabrice, le lien s'est curieusement renoué avec le passé lors de la naissance de sa fille. « *Je l'ai tout de suite aimée. Mais avec une sorte d'appréhension angoissée. Je revivais sans doute, à travers elle, l'angoisse de l'abandon puisque, lorsqu'elle a eu deux ans et trois mois – l'âge exact auquel j'ai été adopté – cette angoisse s'est dissipée. Quelque chose en moi s'est dénoué* ».

Aujourd'hui, Fabrice Delfieu affirme tranquille : « *Plus on avance en âge, plus on voit le côté positif de l'adoption. L'important, au fond, c'est l'amour que m'a donné ma mère adoptive.* »

La Vie, octobre 1992.

Il existe plusieurs formes de fécondité. Si la procréation est la plus naturellement désirée dans le cadre conjugal, il est d'autres manières de porter du fruit, tant pour les personnes que pour les couples. Retenons-en au moins trois :

– La fécondité *interpersonnelle*, qui a lieu entre les conjoints eux-mêmes, par laquelle l'un et l'autre s'aident mutuellement à grandir, à avancer et à tenir. Le premier fruit de l'amour, c'est l'amour.

– La fécondité *sociale*, de chacun bien sûr, mais aussi du couple en tant que tel. Elle s'exprimera à travers l'accueil, l'hospitalité, l'entr'aide, les initiatives et l'invention d'un mode de vie ouvert et dynamique.

– La fécondité *spirituelle*, la plus discrète et peut-être la plus importante. Elle a lieu lorsque deux personnes se rencontrent à un degré de profondeur tel que l'une aide l'autre à renaître ou à naître davantage. Chacun de nous ne peut-il pas reconnaître dans son histoire des personnes qui ont joué le rôle de « père » ou de « mère » spirituelle ?

Le premier fruit de l'amour c'est l'amour.

Tous les parents ont en tête une certaine image du bonheur, de l'enfant, de la réussite. Ils désirent transmettre à leurs enfants ce qu'ils jugent le meilleur. Devenir parents, c'est s'exposer au risque de voir ce désir contrarié. L'enfant n'est pas seulement le fils ou la fille de ses parents. Il est aussi fils de son temps. Il pourra suivre des voies imprévues, étranges, inquiétantes, périlleuses. Les parents se sentent parfois coupables, alors qu'ils ont fait de leur mieux. En réalité, nous ne sommes pas maîtres de la destinée de nos enfants (encore moins que de la nôtre). Nous ne pourrons jamais leur transmettre *tout* ce que nous souhaiterions. Et c'est heureux ! Mais les deux ou trois choses auxquelles nous accordons réellement notre foi resteront déposées en eux comme une semence et porteront du fruit, d'une manière que nous ne pouvons pas prévoir, quand Dieu voudra.

L'enfant n'arrive pas toujours comme le beau bébé resplendissant que l'on attendait. Il peut être victime d'une malformation, d'une maladie physique ou d'un lourd handicap. Seuls les parents qui ont connu cette épreuve peuvent en parler :

> *« J'avais déjà connu des drames : la mort de mon père, de ma mère, d'un frère. Pourquoi ce qu'on ressent à ce moment-là est-il complètement différent ? C'est, je*

crois, parce que la naissance est un processus lent, la montée lente d'un événement heureux, et qui ne s'arrête pas au présent : l'enfant concrétise l'avenir. Peut-être, psychologiquement, le coup est-il encore plus fort qu'un décès : c'est un renversement extraordinaire, le drame surgissant quand on est dans l'attente d'un événement heureux ; et il ne s'arrête pas au présent, il engage toute la vie ».

Stéphane

Mais des témoignages existent aussi selon lesquels l'arrivée d'un enfant n'est pas seulement une épreuve et peut conduire à un sens plus radical de l'accueil de l'autre comme autre, différent, non conforme mais pouvant susciter l'amour et la joie. Reconnaître l'image de Dieu dans un visage étranger à nos modèles et à nos goûts, se réjouir de sa présence, est une grande avancée spirituelle, un véritable chemin de sainteté. Des institutions existent pour aider les familles à assumer cette lourde tâche. Des communautés ou associations se consacrent à offrir des familles adoptives aux enfants handicapés que leurs parents n'ont pas pu garder.

La petite Marie

Stéphane : « L'attachement est venu progressivement ; Marie est en retard, mais elle se développe, par étapes, comme tous les enfants : c'est merveilleux de voir comment elle nous reconnaît, comment elle rit... On s'habitue à tout, même aux choses les plus différentes : je ne trouve plus rien de laid dans son visage. »

Anne : « Je voudrais vous dire quelque chose que je ressens fortement : le choc causé par ce mot de « *mongolien* » est sans commune mesure avec la réalité vécue. C'est un mot qui charrie l'horreur ; je crois que c'est quelque chose de très profond, d'atavique, lié à la notion d' *« étranger »*, de *« monstre »*... Mais l'enfant, lui, est un petit être humain ».

Revue *Autrement*, 1988.

AVEC LE TEMPS

Ce titre rappelle peut-être à certains le refrain : *Avec le temps, va, tout s'en va...* Or, justement, dans la fidélité et la patience, s'expérimente la vérité contraire : avec le temps viennent les plus grands biens. Assumer la durée, c'est se mettre en situation d'expérimenter que le temps n'est pas seulement usure et destruction, mais condition de toute fécondité.

La fécondité d'une vie conjugale n'est pas exactement le déploiement de rêves de jeunesse. Elle peut prendre des formes imprévues et, de toutes façons, elle connaîtra la souffrance. car il n'y a pas de fécondité sans souffrance. Au moins celle du détachement des fruits de l'arbre, des départs, des passages d'une forme de fécondité à une autre. Étonnante joie des parents qui, à travers la peine de le voir les quitter, sont heureux du départ de leur enfant vers sa destinée. Vers une autre alliance, vers l'accueil d'autres enfants à son tour. Ainsi va la vie. La fécondité est l'expérience que le temps ne conduit pas à la mort ou, plus exactement, que toutes les morts qu'il implique sont des relais vers le recommencement de la vie.

Le temps n'est pas seulement usure mais fécondité.

Une fois les enfants partis, la vie continue. D'autres formes de fécondité seront expérimentées. Vieillir ensemble, c'est continuer à avancer ensemble. Or notre culture diffuse aujourd'hui une image péjorative du vieillissement. On n'ose même pas prononcer le mot « vieillesse » (on parle du « troisième âge »). L'horizon de la mort fait peur. C'est pourquoi certains tentent de retrouver artificiellement une nouvelle jeunesse. Mais si, pour beaucoup de choses (santé, capacités, projets d'avenir), le temps est une perte, pour d'autres, il est un enrichissement. Tel est le cas, en particulier, de l'amour, après qu'il ait surmonté, tant bien que mal, bien des obstacles et appris peu à peu la patience. Un amour devenu humble, serein, sans illusions, renouant avec un certain esprit d'enfance. Un attachement beaucoup plus profond que le sentiment, un appui mutuel, une solidarité face aux derniers combats de la vie. C'est alors que l'amour apparaît comme la dernière richesse, l'ultime fécondité, ce qui reste quand tout s'en est allé. « Au soir de notre vie, nous serons jugés sur l'amour » (Saint Jean de la Croix).

Soixante cinq années....

« La petite chapelle de Whao était pleine à craquer, en ce début du mois de septembre, pour fêter avec Emmanuel Thia et Constance leurs 65 ans de mariage. Ce couple qui n'a pas eu la joie d'avoir des enfants était, en ce jour, entouré d'une bien grande famille ; de fait, tous deux ont aidé beaucoup de foyers à élever leurs enfants et tout ce monde, petits et grands rayonnait de joie et de reconnaissance. Le vieil Emmanuel a tenu à dire que la fidélité est possible, que si son couple a été solide c'est grâce au respect de l'un pour l'autre et que Dieu a tenu une grande place dans leur foyer. Amour fondé sur le respect car le respect est la natte de l'amour. »

« Une semaine après ce jubilé, un jeune couple s'unissait à son tour devant Dieu. Que l'exemple des jubilaires les aide à grandir chaque jour dans cet amour respectueux, ciment de la fidélité. »

Bulletin *Église en Calédonie,* Nouméa, octobre 1992.

Chapitre 7

LE LIEN MIS À L'ÉPREUVE

Nous sommes mariés depuis douze ans. Mais je dois avouer que je suis très déçue aujourd'hui, surtout si je repense aux espoirs que j'avais au commencement. Mon mari vit comme un parfait égoïste, il mène sa vie à lui, ne pense qu'à son travail, me regarde à peine et ne me parle presque pas. Je souffre surtout de ne pas pouvoir communiquer avec lui. Il y a de plus en plus d'occasions de disputes et mon aîné a peur que l'on divorce. Il m'arrive de penser à cette éventualité et de me demander si je ne devrais pas refaire ma vie. Mais il y a les enfants. Et je me sens quand même liée à Thomas. Je me dis parfois qu'il ne serait pas impossible de faire évoluer les choses. Mais puis-je le vouloir toute seule ?

Thérèse

Il est impressionnant de songer combien le lien conjugal comporte à la fois force et fragilité. Force de ces liens qui se sont tissés à travers une histoire et de tout ce qu'ils comportent d'irréversible ; fragilité des personnes qui y révèlent leurs points faibles, dans une relation quotidienne, à la merci de tant d'obstacles. Caractère redoutable d'un tel engagement de soi, pour toute la vie, dans un lien si intime que les heurts ne peuvent être que très violents et que les souffrances y prennent très vite une ampleur considérable. Il ne faut pas se le cacher, la vie conjugale, qui est source de grandes joies, peut aussi être cause de grandes épreuves. Et les risques d'échec sont à la hauteur des chances offertes.

Je souffre de ne pas pouvoir communiquer avec lui.

Il n'y a pas de vie conjugale sans crises. Pas d'histoire commune sans affrontements, sans moments de doute, de tentations ou de déceptions. Il serait miraculeux que deux personnes s'ajustent parfaitement et naturellement l'une à l'autre, comme deux « moitiés ». Si, comme nous l'avons dit, il est illusoire de croire que l'on est « faits l'un pour l'autre », il faudra en revanche travailler à se faire l'un à l'autre et l'un par l'autre.

Cela signifie d'abord accepter les *limites*. Limites de l'autre, de soi-même, du couple. Pour chaque couple, pour chacun, la liste en serait longue ! Caractère, santé, héritage familial, habitudes, catégories de pensée, peurs, blessures du passé... Limites aussi propres à la durée : inévitables seront les marques de l'accoutumance, les moments où l'on frôle l'ennui, les rêves d'une autre vie. On s'habitue si bien aux qualités de l'autre que l'on finit par ne plus les voir, tandis que les défauts ressortent avec obstination !

Il n'y a pas de vie conjugale parfaite. Beaucoup sont victimes (surtout aujourd'hui) du mirage d'un couple modèle, sans failles et sans misères. Cela leur rend d'autant plus insupportables leurs manques et leurs limites, alors que c'est à travers celles-ci seulement que pourra se dessiner le visage unique et sans équivalent de leur vie commune. Un prêtre qui, depuis de longues années a écouté un très grand nombre de couples me disait un jour que rares étaient ceux qui ne vivaient pas soit l'amour *handicapé*, qui connaît des entraves à son développement, soit l'amour *amputé*, auquel il manquera toujours tel ou tel de ses fruits, soit l'amour *crucifié* qui doit assumer une souffrance ineffaçable. Et, même parmi les couples qui ont la chance de jouir d'une excellente santé, chacun sait bien que, si l'on creusait derrière les apparences, des fragilités et pauvretés apparaîtraient.

LES CRISES, C'EST LA VIE

La vie de couple n'est pas une lune de miel permanente.

Le lien conjugal se distingue du simple lien amoureux par sa capacité à surmonter les crises. Car *la crise n'est pas l'échec*. Trop de couples s'imaginent que leur vie commune est brisée à la première difficulté sérieuse. Cela est dû à une conception idyllique de la vie de couple, pour laquelle la vie conjugale serait comme une sorte de lune de miel indéfinie. Si la période la plus critique est le cap des cinq ans, c'est sans doute parce qu'au-delà de cette étape, il est difficile d'entretenir une telle image. Le contexte culturel actuel poussera alors à interpréter les déceptions, les disputes et les accrocs comme indications de divorce, alors que d'autres issues seraient possibles. Même grave, la crise peut être l'occasion d'aller plus loin dans la construction réelle de la relation.

Si l'on entend par crise la rupture d'un équilibre ancien avant que ne se réalise un équilibre nouveau, on peut dire que la vie conjugale est jalonnée de crises : arrivée du premier enfant, du deuxième, du troisième, cap des cinq ans, cap des dix ans, adolescence des enfants, quarantaine, départ des enfants, retraite... sans compter les crises du développement personnel de chacun, ces moments où se révèle tel élément de la personnalité jusque là méconnu, où l'un se révèle différent de ce qu'il était ou de ce que l'autre croyait qu'il était.

L'absence de crises serait l'équilibre, le calme plat, la stagnation. La crise est un remaniement, une épreuve de vérité parfois douloureuse mais qui permet au moins trois choses.

- **Un dépassement des illusions**

Depuis la formation du lien amoureux, chacun des partenaires est habité par une image idéale de l'autre, du couple, de lui-même. Particulièrement fréquente est l'image du couple *fusionnel* où l'on serait tellement « un » que toute distance et toute différence seraient abolies. Rêve de transparence parfaite, de complicité constante, de complémentarité en tous les domaines. La crise sera alors ce moment de désillusion où seront expérimentées deux réalités fondamentales : la *distance* qui me séparera toujours de l'autre et son irréductible *différence*. Aussi puissant soit l'amour, il ne pourra cacher cette vérité : *l'autre est autre* (autre que tout ce que je puis voir, prévoir, vouloir, concevoir, désirer, imaginer...).

- **Des réajustements permanents**

Au cours d'une vie, chacun évolue. Vingt ans, trente ans, quarante ans... L'homme et la femme changent, chacun à sa manière et selon son histoire, son psychisme, son rythme. Ces remaniements de la personnalité peuvent entraîner des décalages... Brusquement, la femme ne reconnaîtra plus dans son mari le jeune homme fringuant du temps de leurs fiançailles. L'histoire d'un couple ne peut être que celle de décalages et de réajustements permanents. Ceux-ci ne sont pas une perte, mais un progrès. Ils favorisent la maturité psychique et la croissance commune.

- **Au-delà des apparences**

S'il y a tant de malentendus dans les amours naissantes, cela vient pour une part de ce que chacun y joue un personnage, présentant à l'autre les meilleurs aspects de lui-même ou ceux qu'il croit attendus par lui. Mais avec le temps, les masques tombent. Le naturel reprend le dessus. Les systèmes de défense soigneusement élaborés s'effondrent un à un. Si la durée est une école de vérité, le quotidien est une école d'humilité.

La vie sexuelle est souvent le lieu de révélation de ces failles. « Le corps ne ment pas » dit-on. Mais, dans le contexte actuel où l'harmonie sexuelle du couple est parfois surévaluée, rappelons qu'en ce domaine aussi il n'y a pas de couple parfait. Certains se sont épuisés et parfois brisés à poursuivre à tout prix une vie sexuelle idéale. Chaque couple aura à inventer sa forme de tendresse, de plaisir et d'intimité corporelle, qu'elle soit conforme ou non aux normes du cinéma et des sexologues.

Mais la crise n'est qu'un moment. Comment ne pas s'y enliser ? Plusieurs attitudes ou démarches sont ici repérables :

- **Prendre le risque de parler**

Bien avant la crise, chez de nombreux couples s'est installé le silence. On ne parle que de choses insignifiantes, jamais de ce qu'on ressent. Plus on vit ensemble, plus on a de pudeur à exprimer ce qui tient à cœur. Rares sont les moments de vraie communication entre conjoints. S'accumulent alors les griefs, « tous ces petits riens qui ne valent pas la peine d'être dits, mais qui valent la peine d'être entendus » (Giraudoux). La souffrance se dira alors de façon maladroite, parfois violente ou théâtrale, comme dans la fameuse « scène de ménage ». Mieux vaut donc ne pas attendre ces moments, peu favorables, pour faire le point.

Une parole vraie est un acte de confiance. Elle coûte dans un premier temps mais seule, elle pourra relancer la dynamique de la relation. Les personnes compétentes en ce domaine nous donnent ici deux conseils :

– Éviter le « tu », facilement accusateur, où l'on projette sur l'autre ce qui ne va pas. Oser parler à la première personne : « Je pense, je trouve, j'aime, je souffre, je désire... »

– Accepter la non transparence, les limites des mots, le respect du secret de chacun. Une certaine idéologie de la communication parfaite a parfois provoqué des ravages dans les couples. Autant il est nécessaire d'aborder les difficultés concernant la vie commune, autant il faut être modéré dans l'élucidation de ses propres difficultés personnelles, surtout passées. Le conjoint n'est pas un thérapeute. Ni voyeurisme ni exhibitionnisme, donc, mais le respect de l'irréductible solitude qui demeure en toute vie.

- **Se différencier**

Le conjoint n'est pas un thérapeute.

« Je ne suis pas toi et tu n'es pas moi. » Dans la vie de famille revient facilement le risque de se substituer les uns aux autres (« Non merci, Henri ne prend pas de sucre »). Si l'amour comporte une part d'identification, celle-ci peut devenir asphyxiante. Il arrive que l'un des partenaires ait le sentiment d'étouffer, de ne plus pouvoir respirer. L'aventure extérieure peut alors être une attitude de fuite irrépressible. Le « nous » conjugal dont nous parlions au chapitre II ne supprime pas le « je » et le « tu ». L'unité authentique favorise la différence.

- **L'autre n'est pas tout**

Aucun être humain ne peut suffire à un autre être humain, lui apporter le bonheur à lui seul. Il faudra faire le deuil de ce rêve, s'il a eu lieu. La relation s'enrichira et se renouvellera de l'arrivée des enfants, bien sûr, mais aussi de son intégration dans un contexte plus vaste : amical, social, communautaire. Aux yeux de la foi, Dieu seul peut apporter ce qui est parfois attendu de l'amour ou du conjoint.

- **Les ressources spirituelles**

Plus décisive que les clarifications psychologiques sera l'adhésion à la dynamique spirituelle, c'est-à-dire à la mise en œuvre de la liberté et de l'accueil du don de Dieu. C'est ici qu'il faut rappeler l'importance de la volonté (Ch. II) et d'un acte sans lequel toute union court à sa ruine, le pardon (Ch. V). Évoquons aussi ce que la vie de prière, la participation à l'eucharistie et l'insertion communautaire pourront apporter d'irremplaçable. De ces trois dispositions fondamentales que sont la *foi*, l'*espérance* et la *charité* naîtront des énergies plus intérieures et plus fécondes que toute recette ou principe moral.

Prendre patience

« La charité prend patience, la charité rend service. Elle ne jalouse pas, elle ne plastronne pas, elle ne s'enfle pas d'orgueil, elle ne fait rien de laid, elle ne cherche pas son intérêt, elle ne s'irrite pas, elle n'entretient pas de rancune, elle ne se réjouit pas de l'injustice, mais elle trouve sa joie dans la vérité. Elle excuse tout, elle croit tout, elle espère tout, elle endure tout. »

Première épître aux Corinthiens, chapitre 13

- **L'aide extérieure**

Les couples aujourd'hui sont trop souvent isolés. Il peut être très difficile de sortir à deux d'une situation de face à face qui vire au duel. Même si l'aide d'autrui ne peut être que limitée et indirecte, elle pourra se révéler précieuse. Une tierce personne (ou un petit groupe fraternel) pourra jouer le rôle de catalyseur pour que renaisse la parole, et d'encouragement pour les démarches à opérer. Mentionnons ici les conseillers conjugaux et les thérapeutes de couples, mais aussi des accompagnateurs spirituels, les prêtres et les mouvements ou communautés qui se consacrent à ce service (*Quelques adresses*, p. 141)

« On a vu souvent rejaillir le feu d'un ancien volcan qu'on croyait trop vieux. » La dynamique de l'espérance peut conduire beaucoup plus loin qu'on ne le croit parfois vers le renouveau du couple. Le contexte actuel porte trop à envisager le divorce parmi les premières

solutions. Il faut bien peser ce que représente un divorce avant de prendre une telle décision. Un divorce est toujours un drame. A-t-on bien mesuré ce que signifie dire à l'autre : « Je ne t'aime plus » ? (Le divorce est rarement souhaité de façon égale). Le bien des enfants a-t-il réellement été pris en compte ? Tout a-t-il été tenté pour sauver l'union ? Les mêmes difficultés ne se retrouveraient-elles pas avec un autre partenaire ? « Si j'avais consenti avec ma première femme aux efforts que j'accepte avec la seconde, je n'aurais certainement pas divorcé », confiait à Michel Legrain un homme remarié.

FACE AU DIVORCE

Le *happy end* toutefois n'est jamais garanti. Il y a des conflits qui dégénèrent en guerre, des guerres qui n'en finissent pas. Il y a les barrières insurmontables, les incompatibilités invincibles, les situations enfermantes dans lesquelles l'un des deux peu à peu est détruit par l'autre. Il y a aussi la liberté (ou la destinée) de celui qui est parti, seul ou avec un troisième, pour la grande souffrance de celui qui reste. Dans toute vie humaine, l'échec est possible. Autant il est vrai que la dynamique de l'espérance n'a pas de bornes, autant il faut dire que nous ne sommes pas tout puissants. La vie spirituelle n'est pas un remède magique. La faiblesse demeure. L'échec est possible. Les limites humaines et notre condition de péché s'associent de telle sorte que ce qui était porteur des plus belles promesses peut se révéler catastrophique. Il est donc des situations où la séparation peut, en dernier recours, être considérée comme le moindre mal. Certaines séparations valent mieux pour tous qu'une situation dévastatrice, dégradante ou violente. Le premier devoir moral de chacun est de vivre. Donner sa vie n'est pas se laisser écraser.

Parfois, mieux vaut se séparer que de se détruire.

Après avoir longtemps été considéré comme une faute, le divorce est plutôt aujourd'hui considéré comme un échec. La plupart du temps, il provient à la fois de limites et d'une part de responsabilité de chacun. La gravité d'un tel acte appelle deux attitudes :

– *Ne pas juger.* C'est rarement de gaieté de cœur que l'on divorce. Les divorcés sont avant tout de grands blessés de la vie, un peu comme les veufs et les veuves.

– *Ne pas banaliser.* C'est ce que la culture ambiante tend à faire. Tout divorce est un traumatisme, une déchirure, une amputation. On ne gomme pas le passé, on ne « repart pas à zéro ». Mais ici aussi, la voie de l'espérance est toujours ouverte.

Divorcer est un acte qui regarde la société. Les divorçants ne peuvent s'exclure tout seuls du mariage, qui est aussi une institution, une forme de vie. C'est pourquoi, de même qu'un officier ministériel (le maire) a entendu l'échange des consentements, de même est-ce une tierce personne, le juge, représentant de la loi, qui prononcera la dissolution de l'union.

Quatre types de divorce

Par consentement mutuel : accord sur le principe et les conséquences du divorce.

Par acceptation du principe de la rupture du mariage (divorce accepté) : accord sur le principe mais non sur les conséquences du mariage.

Pour altération définitive du lien conjugal : aucun accord *a priori* ; le demandeur doit seulement justifier d'une séparation de deux ans.

Pour faute : aucun accord *a priori* ; le demandeur doit prouver une violation grave et renouvelée des devoirs et obligations du mariage.

Beaucoup de croyants (ou de non croyants) sont persuadés que l'Église interdit le divorce, ou même que les divorcés sont excommuniés. Il faut souvent rectifier ces erreurs. En réalité, aux yeux du droit de l'Église, le divorce n'existe pas. Existent d'une part la séparation, d'autre part le remariage. C'est le second qui est interdit, non la première. Depuis longtemps l'Église reconnaît comme légitime ce qu'on appelle la *séparation de corps*, c'est à dire la décision de vivre séparés. Un divorcé non remarié ne doit donc pas être tourmenté quant à sa situation dans l'Église. C'est avec le remariage que surgissent les difficultés. Le premier lien ne pouvant être dissous que par la mort, la seconde union est considérée comme une bigamie, ou plutôt un adultère, puisque l'Église – ou, plus précisément, le droit de l'Église – refuse de reconnaître le second lien.

Les deux voies actuellement proposées aux catholiques pour éviter cette contradiction sont la déclaration de nullité ou la dissolution.

- **La déclaration de nullité**

Elle n'est pas à proprement parler une « annulation ». Il s'agit de la proclamation, par le juge de l' Officialité (tribunal ecclésiastique qui existe dans chaque diocèse ou région), que le mariage religieux n'a pas été contracté validement. Cela peut avoir lieu pour trois types de motifs :

– un vice de consentement,

– l'existence d'un empêchement, c'est à dire d'un obstacle à la célébration du mariage,

– un défaut de forme.

Les vices du consentement

Les principaux sont :

– *Les incapacités* : « Sont incapables de contracter mariage les personnes :

1. Qui n'ont pas l'usage suffisant de la raison,

2. qui souffrent d'un grave défaut de discernement concernant les droits et les devoirs essentiels du mariage à donner et à recevoir mutuellement,

3. qui, pour des raisons de nature psychique, ne peuvent assumer les obligations essentielles du mariage » (canon 1095).

– *L'erreur* sur la personne et, dans des cas très spécifiques, l'erreur sur une qualité de la personne (c.1097).

– *La tromperie*, en vue d'obtenir le consentement, « qui de sa nature même peut perturber gravement la communauté de vie conjugale » (c.1098).

– *La simulation du consentement* (c. 1101).

– *L'exclusion* explicite d'une propriété ou d'un élément essentiel du mariage : fidélité, indissolubilité, procréation (c.1101).

– *La violence ou la crainte grave*, « dont une personne, pour s'en libérer est contrainte de choisir le mariage (c.1103).

Les empêchements

Plus rares, ils concernent l'âge, l'existence d'un lien antérieur, certains degrés de consanguinité, la parenté par alliance, l'adoption, l'impuissance, l'appartenance à deux religions différentes (une dispense est possible), l'ordination antérieure (une dispense est possible), des vœux religieux antérieurs (une dispense est possible), le rapt, le crime, commis en vue du mariage

Pour plus de précisions et de très bon éclaircissements, voir le livre de Jacques Vernay, *L'Église catholique casse-t-elle les mariages ?* Éd. Fleurus-Tardy, 1990.

Bien que cette procédure soit loin de pouvoir répondre à toutes les situations, elle mériterait d'être davantage envisagée. (En 1989, les officialités de France n'ont été saisies que de 351 causes de nullité). Les démarches sont beaucoup moins obscures et coûteuses qu'on ne le croit parfois. La procédure a le plus souvent lieu dans un climat d'intelligence et de délicatesse.

- **La dissolution**

Elle concerne les mariages valides – non les mariages nuls – que l'Église considère pouvoir être dissous, pour deux types de raisons :

– Les mariages non consommés : Nous avons vu que, depuis le XIIe siècle, l'Église considère la consommation charnelle comme le parachèvement du consentement, qui scelle le lien conjugal.

– Les mariages non sacramentels : cas du mariage conclu entre deux non-baptisés dont l'un veut devenir chrétien et l'autre non (ce que l'on appelle « le privilège Paulin » à cause de l'autorisation accordée par Paul en 1 Co. 7, 10-15), cas du mariage entre un baptisé et un non baptisé, et autres situations plus complexes présentées dans le livre de Jacques Vernay.

Restent à gérer les situations qui n'entrent pas dans ces catégories et qui sont les plus nombreuses. En particulier celle des divorcés dont le mariage, incontestablement valide et sacramentel, a été dissous aux yeux du droit civil mais ne l'est pas aux yeux de l'Église. Situations douloureuses comme on le sait mais où la vie spirituelle peut continuer à se déployer et où, insistons bien sur ce point, il y a pleinement place dans l'Église pour chacun. Deux situations bien différentes se présentent alors :

Certains divorcés choisissent de rester fidèles à leur premier choix.

- **Le divorce sans remariage**

Multiples peuvent être les raisons de ne pas se remarier après divorce. Limitons-nous ici à la conduite de ceux qui choisissent de ne pas se remarier par fidélité au premier lien, au sein même de la séparation. Beaucoup de chrétiens choisissent cette voie par fidélité à la parole évangélique (Mathieu 19,9, cf. Chapitre V), dans un acte de foi en la dimension mystérieuse du premier engagement et pour témoigner, malgré l'épreuve, du prix de l'unicité du lien. Ils réussissent ainsi ce tour de force d'être témoins de l'indissolubilité malgré le divorce. Ceci peut être vécu dans une démarche profonde de pardon et de réconciliation avec le conjoint, tout en restant séparés. Il existe des mouvements ou communautés qui soutiennent cette démarche, dont la valeur est parfois trop ignorée. Le père Denis Sonet a pu écrire. « Il n'y a personne qui soit plus signe de la fidélité de Dieu qu'un divorcé fidèle. »

- **Les divorcés remariés**

Il est des chrétiens qui, par suite des circonstances de la vie ou parce qu'ils pensaient en conscience que c'était leur chemin, ont été conduits à se remarier. Leur situation ecclésiale est inconfortable parce que le droit de l'Église ne reconnaît pas la validité du second lien, tandis qu'il affirme la permanence du premier. Mais leur place dans l'Église, qui est un peuple de pécheurs pardonnés, est entière. Le discours du Magistère a d'ailleurs considérablement changé de ton par rapport à ceux du passé.

Le pape et les divorcés remariés

« Avec le Synode, j'exhorte chaleureusement les pasteurs et la communauté des fidèles dans son ensemble à aider les divorcés remariés. Avec une grande charité, tous feront en sorte qu'ils ne se sentent pas séparés de l'Église, car ils peuvent et même ils doivent, comme baptisés, participer à sa vie. On les invitera à écouter la Parole de Dieu, à assister au Sacrifice de la messe, à persévérer dans la prière, à apporter leur contribution aux œuvres de charité et aux initiatives de la communauté en faveur de la justice, à élever leurs enfants dans la foi chrétienne, à cultiver l'esprit de pénitence et à en accomplir les actes, afin d'implorer, jour après jour, la grâce de Dieu. Que l'Église prie pour eux, qu'elle les encourage et se montre à leur égard une mère miséricordieuse, et qu'ainsi elle les maintienne dans la foi et l'espérance ! »

Jean-Paul II, *Les tâches de la famille chrétienne*, (1982), § 84.

Reste un point très délicat, celui de l'accès aux sacrements. La position officielle est actuellement la suivante :

La question de l'Eucharistie

« L'Église, cependant, réaffirme sa discipline, fondée sur l'Ecriture Sainte, selon laquelle elle ne peut admettre à la communion eucharistique les divorcés remariés. Ils se sont rendus eux-mêmes incapables d'y être admis car leur état, leur condition de vie est en contradiction objective avec la communion d'amour entre le Christ et l'Église, telle qu'elle s'exprime et est rendue présente dans l'Eucharistie. Il y a par ailleurs un autre motif pastoral particulier : si l'on admettait ces personnes à l'Eucharistie, les fidèles seraient induits en erreur et comprendraient mal la doctrine de l'Église concernant l'indissolubilité du mariage. » (§ 84, suite).

L'honnêteté exige de comprendre d'abord le sens de cette position. Le texte ne parle pas de culpabilité, ni même de péché, mais de « contradiction objective » : le mariage et l'eucharistie sont les sacrements de l'Alliance unique, alors que, dans leur vie, il y a deux alliances. C'est leur « état » et leur « condition de vie » qui sont visés, non leur conscience personnelle. Sachons entendre aussi que certains vivent paisiblement cette abstention de communion, la comprenant comme une autre façon de communier au Christ et à tous ceux qui, pour d'autres raisons, n'accèdent pas à l'eucharistie. Le don de Dieu peut prendre d'autres chemins que la matérialité du pain et du vin.

Cette voie doit elle être la règle pour tous ? La souffrance de ne pas communier au « pain de vie », autant que celle de ne pas voir reconnue la valeur de leur seconde union, travaille en profondeur trop de chrétiens sincères pour que l'on reste indifférent à leurs questions. D'autres, nombreux, ne demandent l'avis de personne et communient comme si rien n'était, ou abandonnent toute pratique.

Vivre dans la paix

« Je dois d'abord vous préciser que j'ai fait tout un chemin de fidélité d'amour avant de choisir d'être fidèle à ce que me demandait mon Église : ne pas participer au sacrement de l'Eucharistie.

La première communion de ma fille aînée m'obligea à me situer plus clairement. Il me semblait impossible de ne pas lui expliquer pourquoi je resterais à ma place ce jour-là.

Je devais lui expliquer en étant en paix, en ne lui communiquant pas la révolte qui m'avait souvent saisie. Il me fallait lui faire comprendre que, malgré les apparences, sa maman avait sa place dans l'Église... (...)

Peu à peu, cette fidélité prit un sens et porta des fruits dont je vous livre quelques exemples : En demandant à des amis de m'aider à être fidèle, je perçus que mon choix posait question. Parfois même, il faisait prendre conscience, à ceux qui communiaient sans réfléchir, qu'ils n'étaient pas forcément en attitude profonde de communion... (...) Durant les messes auxquelles je participe, au moment de la communion, j'essaie toujours d'ouvrir mon cœur à une dimension plus large... Sortir de ma souffrance personnelle qui me fait me replier, me révolter. Ce temps m'invite à « porter » au plus profond de ma prière ceux et celles qui restent à leur place : les époux (ses) de divorcé(e)s, les divorcés remariés, nos frères et sœurs chrétiens appartenant à d'autres confessions, tous ceux qui se sentent coupés du Christ, qu'ils aiment cependant, ou qui le cherchent sans l'avoir encore trouvé, et les familles de ceux et celles qui vivent ces situations et qui en souffrent tant. Et ma souffrance personnelle disparaît. Certaines fois, une « sœur » reste auprès de moi, me disant : « Je ne suis pas en attitude de communion, et te voyant rester à ta place, je ne peux pas y aller ». De telles attitudes me bouleversent profondément. Souvent ma famille ou des amis allant communier ou retournant à leur place me font un signe d'amour. Je le reçois comme un cadeau. »

Lettre adressée à Monseigneur Jacques Jullien,
Demain la famille, Mame, 1992.

C'est pourquoi nombre de chrétiens, prêtres et évêques, poursuivent la réflexion. Un document récent de l'Épiscopat Français souligne le rôle de la conscience personnelle : « *Aucune autorité humaine, pas même le Magistère de l'Église, ne peut se substituer à la conscience personnelle* ».[18] Mais la conscience n'est pas le désir. Elle demande à être éclairée et formée. Et le jugement personnel ne peut pas être la seule référence pour un acte foncièrement communautaire. Beaucoup pensent qu'un discernement serait souhaitable qui, en respectant certains critères, conduirait l'évêque, éclairé par un conseil, soit à renvoyer les conjoints à leur conscience soit à signifier une réconciliation écclésiale. Pour éviter la logique du « tout ou rien », d'autres suggèrent que la réadmission à la table eucharistique soit précédée d'un temps de « jeûne » sacramentel et d'un rite pénitentiel.

Une autre voie proposée aux conjoints remariés pour accéder à la réconciliation et donc à l'eucharistie est de vivre « comme frères et sœurs » dans la continence. Ne sourions pas trop vite : ce choix a été pour certains un chemin de sanctification, une aventure spirituelle. Des témoignages existent[19]. Mais cette vie correspond à un appel particulier. Ici encore, il est douteux que l'on puisse en faire une règle commune.

La pratique des autres Églises

Chez les Protestants

Dans l'Église Réformée, une Commision Nationale du mariage est consultée par les pasteurs. Elle accorde ou refuse l'autorisation de bénédiction religieuse. Il arrive qu'elle demande un délai d'épreuve sur tel ou tel point à vérifier ou à mettre en ordre.

Chez les Orthodoxes

Tout en affirmant l'indissolubilité du mariage, l'Église Orthodoxe, au nom du principe de Miséricorde admet le second et le troisième mariage, après une démarche auprès de l'évêque. La cérémonie est précédée d'un rite pénitentiel.

La tâche de l'Église, très difficile, est de transmettre l'absolu de l'appel évangélique tout en étant témoin de la miséricorde. Il est dans la logique de l'espérance chrétienne que nul ne soit prisonnier de son passé. Il y a toujours un avenir à la grâce. Si la loi est nécessaire, il s'agit de trouver une juste relation à celle-ci. Au mariage pourrait s'appliquer la parole de Jésus selon laquelle « le Sabbat a été fait pour l'homme et non l'homme pour le Sabbat » (Marc, 3, 26).

Dans de nombreux cas s'impose la démarche de reconnaître la valeur humaine et morale du second lien. Si l'unicité est importante, elle n'est pas la seule valeur du mariage. Dans la nouvelle union pourront se vivre des trésors d'entr'aide, de délicatesse, d'attention mutuelle et de fidélité. L'honnêteté et la justice imposent de ne pas assimiler celle-ci à l'adultère. Sans aller jusqu'à reconnaître le second lien comme sacramentel (tous les théologiens que je connais sont d'accord pour lier sacramentalité et unicité), on pourrait reconnaître la valeur spirituelle de certains remariages (civils) qui ont parfois plus de profondeur religieuse que le premier.

Beaucoup de prudence s'impose aussi quant au regard sur ce qui demeure du premier lien. Deux excès sont ici à éviter :

– Une conception trop *objective* de ce lien, qui en ferait presque une chose extérieure à la vie des époux. Une chaîne, un cadenas dont personne n'aurait la clé... Reconnaissons qu'il ne peu être qu'intérieur à la relation et qu'il peut être mis à mal, au point de devenir problématique quant tout support humain lui fait défaut.

– Une conception trop *subjective*, voire sentimentale, qui affirmerait un peu trop vite : « Quand il n'y a plus d'amour il n'y a plus rien ». Il y a de l'irréversible dans le lien conjugal (comme il y en a, de manière plus évidente, dans le lien parental). L'union de l'homme et de la femme a lieu à une telle profondeur qu'il serait bien hasardeux de décréter qu'il n'en reste plus rien.

En dernier ressort, le lien relève du mystère. Il déborde nos décrets. Il ne reste jamais rien d'un premier mariage ; mais, dans l'existence chrétienne, les nouveaux départs sont toujours possibles. L'Église gère comme elle le peut ces contradictions. Ses maladresses en ce domaine ne doivent ni être dissimulées ni devenir abcès de fixation. « C'est pour vivre en paix que Dieu vous a appelés » (1 Co. 7, 15). En toute situation, il y a un appel à la sainteté.

Chapitre 8

DEVANT L'ÉTERNITÉ

N

Après trente ans de mariage, mon mari est décédé, emporté par une maladie foudroyante. Je suis comme amputée d'une part de moi-même. La solitude me pèse terriblement. Après une période où il ne m'a pas été difficile d'appréhender cette mort dans la foi, c'est maintenant le vide. La présence de Louis ne m'est pas du tout sensible. Rien ne peut remplacer sa voix, son sourire, son corps. À ceux qui sont encore ensemble je voudrais dire : vivez avec le plus de qualité possible ces années qui vous sont données. Quant l'autre est mort, on le voit dans sa vérité ; on perçoit mieux combien ce qui nous reliait était précieux. Quant à ce qui demeure de notre lien par delà la mort, pouvez-vous m'éclairer ?

Blandine

Après un chemin plus ou moins long, il ne faut pas se le cacher, il y aura la mort. Se marier, c'est savoir que l'un enterrera l'autre (sauf circonstances particulières, bien entendu). Ce départ, surtout s'il a lieu de bonne heure, avant la réalisation naturelle des grandes fécondités de la vie, est particulièrement douloureux. C'est cela aussi, se marier : s'exposer encore plus à la vulnérabilité de la mort. Non seulement à la sienne, mais à celle du conjoint, avec lequel partira une part de soi. À celle des enfants aussi, pour certains.

Le départ du conjoint est une dure épreuve pour l'amour dont l'un des mouvements de fond est de se vouloir éternel. « L'amour est fort comme la mort », dit le *Cantique des cantiques* (8, 6), rejoignant une intuition universelle selon laquelle celui qui aime participe à une réalité d'un autre ordre que celui de l'écoulement du temps, à une vie d'une autre nature que biologique. Mais, face au déchirement de la séparation, devant la tombe où son corps repose froid, que devient cette force ? Qui oserait dire que l'amour est plus fort que la mort ? La mort n'aurait-elle pas le dernier mot ?

CACHÉE AVEC LE CHRIST

En vérité, l'espérance chrétienne se distingue ici des croyances en une vague survie du lien ou de l'esprit du conjoint. Elle se démarque aussi des techniques mises en œuvre par certains pour entrer en communication avec lui, dans le spiritisme par exemple. Les fruits de ces procédés sont tellement pauvres, tellement dérisoires... Le chrétien affronte la mort ; il ne la nie pas. Ce corps-ci est bien mort, une certaine forme de communication est bien définitivement impossible. Il ne cherche pas à prolonger l'ancien, à faire revivre ce qui n'est plus. Il laisse opérer en lui ce que les psychologues appellent « le travail de deuil ».

Mais il laisse aussi opérer ce qu'un théologien appelle le « travail de Paque ». Il croit que la *vie*, au sens le plus radical de ce terme, est plus forte, c'est-à-dire plus profonde, plus vraie, que la mort. Non par superstition mais parce qu'il croit en la résurrection. Et cela non par un raisonnement mais parce qu'il croit en un événement, celui de la Résurrection de Jésus, dont l'expérience a transformé la vie des premiers témoins, celle d'une lignée ininterrompue de croyants et la sienne propre en certains moments. Cet événement est l'indice que l'amour du Père peut être actif même dans ce que nous nommons – sans bien savoir ce que nous mettons sous ce terme – « la mort ». Or, ce même Jésus avait dit : « Quand je serai allé vous préparer une place, je reviendrai vous prendre avec moi » (Jean 14, 3). L'époux chrétien croit donc que son épouse vit en Dieu, non par une capacité naturelle de son âme mais par son lien vital au Christ, lien qui a commencé pendant sa vie et dont on ne voit pas ce qui pourrait le rompre. « Ni la mort ni la vie, ni présent ni avenir, rien ne pourra nous séparer de l'amour du Christ » (Romains 8, 38).

Comme tout croyant qui a perdu un être cher, il ne cherche donc pas à entrer directement en relation avec son épouse. Mais il croit que la vie de celle-ci, selon l'expression d'une profondeur insondable « est **cachée avec le Christ en Dieu** » (Colossiens 3, 3). Elle est vivante dans le cœur de Dieu, dans la mémoire de Dieu. C'est en se rapprochant de celui-ci qu'il se rapproche d'elle. Il communie avec elle en communiant avec tous ceux et celles qui désormais ne vivent plus qu'en Dieu. C'est ce que l'on appelle la « communion des saints ».

Cela signifie-t-il que le lien conjugal soit éternel ? Pas tout-à-fait. L'Église affirme d'une part que ce qui a authentiquement relié les époux, leur participation à l'amour-charité, à l'amour divin, ne meurt pas, ayant une dimension d'éternité, d'autre part que le lien conjugal lui-même est dissous par la mort. L'amour-charité ne meurt pas, mais le lien conjugal comme tel, avec ses exigences et ses caractéristiques propres, est une réalité de ce monde-ci, de ce monde seulement. À des interlocuteurs qui, dans une question-piège, lui demandaient de qui une femme sept fois veuve serait l'épouse, Jésus a répondu : « À la résurrection, on ne prend ni femme ni mari, mais on est comme des anges dans le ciel » (Matthieu 22, 30). Cela ne signifie aucunement que nous serons asexués mais que le lien conjugal est une affaire de ce monde. Dans le Royaume, seul restera l'amour-charité. Les questions de fidélité, d'unicité, d'exclusivité ne se poseront plus. C'est dans cette perspective que Paul autorisera les veuves à se remarier (1 Corinthiens 7, 39). Les traditions catholique et protestante continuent à appliquer ce principe, tandis que les orthodoxes, qui admettent le remariage en cas de divorce, sont plus stricts ici, ne reconnaissant pas le caractère sacramentel aux secondes noces.

Les chrétiens veufs et veuves sont donc libres : soit de contracter un nouveau lien conjugal si telle est leur vocation, soit de rester seuls. Dans l'un et l'autre cas, différemment certes, ils pourront vivre la fidélité à leur premier lien, dans un entrelacement étrange de présence et d'absence alternativement éprouvées.

Le mort nous confronte à la part de solitude qui en réalité se trouve au fond de toute relation, de toute union même. Au cœur même de la communion, nous demeurons séparés, distincts, ne serait-ce que par notre destin. La mort en est la manifestation majeure. Une relation qui se bâtit sur l'intégration de cette vérité aura plus de chances d'être vraie et solide qu'une illusoire fuite de la solitude. Elle prépare mieux aussi à assumer avec courage la séparation. Que l'on soit ensemble ou séparés, il s'agit d'apprende à passer de la solitude comme vide à la solitude comme épreuve de vérité de la liberté.

Vivante pour toujours

« Dans un petit cimetière de campagne au pied d'une vieille église en ruines, à vingt-cinq pas de chez nous, tu reposes immobile et froide, sous un peu de terre et une dalle de pierre, couverte de fleurs. Là je suis venu les premières semaines te pleurer en te cherchant, là je suis venu supplier en me résignant, là je t'ai appelée et personne ne m'a répondu. Par une grâce spéciale, mon âme effrayée quelque temps par le silence de la tienne, a fini par la chercher ailleurs et elle t'a trouvée au cœur de ce que je vivais, au milieu des autres et de nos enfants. »

« Ta mort a cessé d'être la mort. Je te sais vivante pour toujours, puisque mon cœur t'éprouve comme une présence divine. Si par moments ton absence me brise et me déchire, à d'autres elle m'approche à quelques pas de l'éternité. Me donnant la force de paraître heureux pour qu'autour de moi les autres le soient et, finalement, l'être moi-même. Aujourd'hui, il m'arrive même parfois de chanter. Comme si commençaient pour nous de nouvelles fiançailles. Et moi, l'héritier de notre amour et le témoin de ce que nous fûmes, je me découvre meilleur. Moi qui naguère me laissais conduire et entraîner par cette vie matérielle et intéressée, moi qui ne savais pas parler à Dieu, ta nouvelle présence m'aide à faire des heures qui passent une vie d'offrande et de prière ; je cueille au passage les grâces que tu m'obtiens et j'atteins, par ton intercession, à la communion des saints... »

« Merci mon Dieu, d'avoir permis notre rencontre, notre couple. Vous ne l'avez pas reprise ; vous ne pouvez séparer ce que vous avez uni ; vous ne reprenez pas votre Parole, ni votre promesse, entendue au plus profond de nous. Et si moi, misérable, je la crois glorieuse, ressuscitée et heureuse, si j'éprouve chaque jour sa présence à fleur d'âme, combien je sens la simple chaleur de la Parole du Christ en croix disant : "Ce soir, tu seras avec moi au Paradis" ».

Yves Marcel, cultivateur, *Panorama*, 1977.

LA VEUVE ET L'ORPHELIN

Depuis l'Ancien Testament, grande est l'insistance de l'Ecriture sur le soutien à la « veuve et l'orphelin ». Si la situation matérielle de ceux-ci est généralement aujourd'hui moins précaire (encore que de gros soucis peuvent apparaître sur ce plan), l'appel à entourer spécialement ceux qui sont dans le deuil – de même que tous ceux qui se trouvent esseulés ou abandonnés – reste très actuel pour les chrétiens. Trop souvent il arrive que les situations de peine ou de solitude creusent un vide autour de ces personnes, que l'on n'ose pas inviter, pour des raisons parfois très superficielles. Contrairement aux usages mondains, Jésus a demandé d'inviter en priorité ceux qui sont en situation de détresse (Luc 13, 12). Ce sera pour ceux-ci une manière concrète et communautaire d'expérimenter que l'amour-charité est vainqueur de la mort et est plus universel que tout lien.

La disparition du conjoint qui a été fidèle « jusqu'à la mort » est le moment où se manifeste à la fois la force de l'amour conjugal et que celui-ci n'est pas l'ultime but de la vie humaine. Nous sommes appelés à plus encore. Nos noces terrestres ne sont que le signe et l'ébauche des Noces en vue desquelles nous avons été créés : les *Noces éternelles*, celles de l'humanité-épouse avec le Christ-époux. Plus l'Esprit-Saint habite en nous, plus nous aspirons à celles-ci. Mais il n'y a pas de concurrence entre ces deux noces. L'une aide à mieux comprendre l'autre ; elles s'éclairent et s'enrichissent mutuellement. Le mariage nous apprend concrètement ce qu'est l'existence nuptiale, tandis que l'attente du Royaume nous apprend que la vérité du mariage est au-delà du mariage.

« L'Esprit et l'Épouse disent : « Viens ! »
Que celui qui écoute dise : « Viens ! »
Et que l'homme assoiffé s'approche,
Que l'homme de désir reçoive l'eau de la vie,
gratuitement »

Apocalypse 22, 17

Conclusion

Voilà donc quelques traits de cette forme de vie si ordinaire où peuvent se vivre tant de choses extraordinaires. Une institution venue de la nuit des temps a peu à peu été investie d'une valeur morale, spirituelle, théologique. Itinéraire à refaire par chaque couple et chaque personne. Chaque histoire conjugale singulière apporte sa note originale, inédite, irremplaçable, à l'histoire collective.

On aura pu aussi mesurer à quel point il est peu de réalités où se manifeste autant l'étroite imbrication entre les aspirations humaines et la vocation chrétienne. Où l'on voie aussi bien le mystère chrétien travailler en profondeur la pâte humaine dans toute sa densité pour lui donner une nouvelle dimension, tout en l'assumant pleinement. Ici comme ailleurs, apparaît combien la tâche de l'Église dans le monde a été et demeure réelle et précieuse tout en restant limitée et imparfaite.

Aussi important qu'il soit, le mariage n'est cependant pas la seule forme de vie valable, humainement et chrétiennement. Il ne résume pas à lui tout seul toutes les valeurs. L'amour conjugal n'est pas la seule forme de réalisation de l'amour-charité, loin de là. C'est pourquoi il est nécessaire, avant de clore cet ouvrage, de rappeler l'existence et la valeur du *célibat*, dans la société comme dans l'Église. Dès son origine, depuis Jésus lui-même (Mathieu 19,12), le christianisme s'est caractérisé par une défense de ce mode de vie, qui manifeste que chacun ou chacune a une vocation personnelle pleinière et que la personne n'est pas qu'une moitié de couple. Que l'amour charité déborde l'amour de préférence, et peut prendre d'autres voies. En écrivant cela, je ne pense pas seulement au célibat volontaire. La majorité des célibataires n'ont pas choisi leur forme de vie. Cette situation peut, elle aussi, devenir porteuse des plus hautes valeurs. Mariage et célibat sont deux vocations complémentaires, à beaucoup d'égards, dans le corps social comme dans le corps ecclésial.

Si cet ouvrage peut se terminer par un souhait, ce sera par celui de voir se développer la préparation au mariage. Lorsque l'on prend conscience de tous les enjeux que nous avons envisagés, aussi bien du côté des richesses que de celui des écueils, on ne peut pas ne pas être effrayé par le peu de temps et de moyens consacrés à s'y préparer. Osons le dire, on passe beaucoup moins de temps à préparer son mariage que son permis de conduire. Dans les meilleurs des cas, une, deux ou trois soirées. Pour quelques-uns, un week-end... En dehors des réseaux ecclésiaux, le vide est encore plus grand. Des groupes de préparation au mariage existent. Les connaissons-nous ? Plusieurs mouvements agissent en ce sens. Comment les développer ? La question devrait se poser bien avant les mois qui précèdent le mariage. Où en est la « préparation lointaine au mariage » dans la catéchèse, les aumôneries, les associations, les écoles, la société ? Plus les attentes à l'égard du mariage sont grandes et fragile l'institution, plus une telle éducation s'avère nécessaire.

Pourquoi passer moins de temps à préparer son mariage que son permis de conduire ?

A plusieurs reprises nous avons fait allusion à l'isolement des couples face à leur difficultés. C'est pourquoi cet ouvrage s'achèvera, après la table des références, par une liste d'adresses. car, en ce domaine (comme en d'autres), les livres ne suffisent pas et nous aurons tous, un jour ou l'autre, besoin d'aide ou de soutien.

BIBLIOGRAPHIE

Conseils de lecture

CHAPITRE 1

Louis ROUSSEL, *La famille incertaine*, Odile Jacob, 1989.
France QUERE, *L'amour, le couple*, Centurion, 1992.
Pierre GRELOT, *Le couple humain dans l'Écriture*, Foi vivante, 1969.
Guy RAYMOND, *Ombres et lumières sur la famille*, Bayard, 1999.
Mgr André VINGT-TROIS, *La famille. 15 questions, un évêque répond*, Mame/Plon, 2002.
Jacques JULIEN, *Demain la famille*, Mame, 1992.

CHAPITRE 2

Xavier LACROIX, *Les mirages de l'amour*, Centurion-Novalis, 1997.
Denis SONET, *Découvrons l'amour*, Droguet Ardant, 1991.
Xavier LACROIX, *La traversée de l'impossible. Le couple dans la durée*, Vie chrétienne, 2000.
Jean-Claude SAGNE, *L'itinéraire spirituel du couple*, Saint-Paul/Chemin neuf, 2001, 2003.
Françoise SAND, *Le couple au risque de la durée*, DDB, 1998.
Jean-Claude SAGNE, *L'homme et la femme dans le champ de la parole*, Desclée de Brouwer, 1995.
Revue *Christus*, n° 169, janvier 1996 : « La fidélité ».

CHAPITRE 3

Xavier THEVENOT, *Répères éthiques pour un monde nouveau*, Salvator, 1983.
Xavier LACROIX, *Le Corps de l'esprit*, Foi vivante, 1999.
René de VAUX, *Les institutions de l'Ancien testament*, t. 1, Le Cerf, 1982.
François LEBRUN, *Le mariage sous l'Ancien Régime*, Armand Colin, 1975.
Christiane SINGER, *Éloge du mariage, de l'engagement et autres folies*, Albin Michel, 2000.

CHAPITRE 4

Évelyne SULLEROT, *Pour le meilleur et sans le pire*, Fayard, 1986.
Robert GRIMM, *L'institution du mariage*, Le Cerf, 1984.
Paul MOREAU, *Les valeurs familiales*, Le Cerf, 1990.
Éric FUCHS, *Le désir et la tendresse*, Labor et Fides, 1982.

CHAPITRE 5

Jean-Paul II, *Les tâches de la famille chrétienne*, 1981.
André BARRAL-BARON, *Choisir le mariage*, DDB, 1989.

Gérard MATHON, *Le mariage des chrétiens*, DDB, 1993 et 1995.
Paul EVDOKIMOV, *Sacrement de l'amour*, Epi-DDB, 1980.
Jean MEYENDORFF, *Le mariage dans la perspective orthodoxe*, OEIL, 1986.
Théodule REY-MERMET, *Ce que Dieu a uni...*, Centurion, 1988.

CHAPITRE 6

Xavier LACROIX, *Passeurs de vie. Essai sur la paternité*, Bayard, 2004.
Simples questions sur la vie, Collectif, Épiscopat Français, Institut des sciences de la famille, Éd. Satisfecit, Lyon, 2005.
Revue, *Amour et famille*, plusieurs numéros sur la régulation des naissances. Catalogue : 65, boulevard de Clichy, 75009 Paris.
Marie Madeleine CHATEL, *Malaise dans la procréation*, Albin Michel, 1993.
Xavier THEVENOT, *La bioéthique*, Centurion, 1989.
Pierre VERDIER, *Ces enfants dont personne ne veut*, Dunod, 1997.

CHAPITRE 7

Xavier LACROIX (dir.), *Oser dire le mariage indissoluble*, Le Cerf, 2001.
Jacques VERNAY, *L'Église catholique casse-t-elle les mariages ?*, Éditions Fleurus, 1990.
Revue *Lumière et vie*, n° 206, mars 1992 : « Fidélité et divorce ».
Collection « Vie chrétienne », n° 424 : *Mariage, divorce : à la recherche d'une parole juste* (9, rue Raynouard, 75016 Paris).
Commission familiale de l'épiscopat, *Les divorcés remariés*, Le Centurion, 1992.

CHAPITRE 8

Pierre JOLY et Hélène MARCHAL, *Reconstruire la vie*, Foi vivante, 1997.
Marie-France AUGAGNEUR, *Vivre le deuil*, Chronique sociale, 1995.
Thomas PHILIPPE, *Une nouvelle maturité*, Éditions Saint-Paul, 1994.
Bernard DESCOULEURS, *L'art d'être grand-parents*, Mame, 1993.

QUELQUES ADRESSES

Préparation au mariage

– Centres de préparation au mariage :
82 bis, rue Jean Bart – 75006 PARIS
Tél : 01 45 48 26 72

– Centres spirituels, retraites pour fiancés et pour couples : Villa Manrèse,
5 rue Fauveau – 92140 CLAMART
Tél : 01 46 44 04 20

St Hugues de Biviers – 38330 BIVIERS
Tél : 04 76 90 35 97

Centre spirituel du Haumont
31, rue Mirabeau
BP 19 – 59420 MOUVAUX

Le Châtelard, Route de Bruissin,
BP 4 – 69340 FRANCHEVILLE

Cana Fiancés
10, rue Henri IV – 69002 LYON
Tél : 04 78 38 11 60

Pour d'autres régions, on peut obtenir les adresses auprès des centres ci-dessus.

Conseil conjugal

CLER (Centre de liaison des équipes de recherche rattaché à la Pastorale familiale)
65, boulevard de Clichy – 75009 PARIS
Tél : 01 48 74 87 60

AFCCC (Association Française des Centres de Consultation Conjugale)
44, rue Danton, Galerie des Damoiselles
94240 LE KREMLIN-BICÊTRE
Tél : 01 46 70 88 44

Couple et Famille
28, place Saint-Georges – 75009 PARIS
Tél : 01 42 85 25 98

École des Parents
5, impasse Bon-Secours
75543 PARIS Cedex 11
Tél : 01 43 48 00 16

Vie spirituelle et aide au dialogue

Équipes Notre-Dame
49, rue de la Glacière – 75013 PARIS

Amour et Vérité
26, rue Abbé Grégoire – 75006 PARIS

Cana
49, montée du Chemin Neuf
69005 LYON

Mariage-Rencontre :
Brigitte et Jubert Job
37, rue du Château d'Eau
77760 LA CHAPELLE LA REINE

Divorcés

Renaissance – Mme Tronche
44, rue Blanqui – 44100 NANTES

Cana Espérance
71, rue de Grenelle – 75007 PARIS

Communion N.D. de l'Alliance
14, rue du Muguet
35510 CESSON-SÉVIGNÉ

Tribunaux ecclésiastiques :
Officialités diocésaines ou régionales.
Adresses dans les annuaires diocésains (ou auprès des services diocésains).

Médiation

APMF
(Association pour la promotion de la médiation familiale)
Espace XV, 14 rue des Frères Moranes
75015 PARIS

Veuvage

Espérance et Vie
20, rue des Tanneries – 75013 PARIS

Adoption

Enfance et familles d'adoption
3, rue Gérando – 75009 PARIS

Enfants du monde
126, rue Vauban
59000 LILLE

Emmanuel - SOS adoption
« Montjoie », CLEFS
49150 BAUGE

Formation

Institut des Sciences de la Famille
23, place Carnot
69002 LYON
Tél : 04 26 84 52 10

Pastorale

Chaque diocèse est pourvu d'un service de Pastorale Familiale, ainsi que d'un service de Pastorale Sacramentelle.

Adresses à l'évêché ou à la maison diocésaine.

Ou à défaut, Service de Pastorale familiale de Lyon
6, rue Adolphe Max
69005 LYON

Notes

1. Jean Chrysostome, *Homélie XX sur l'Épître aux Éphésiens*, citée *in Le mariage dans l'Église ancienne*, Paris, 1969, p. 82.

2. François de Sales, *Introduction à la vie dévote* (1609), ch. XXXVII, Mame, 1956, p. 263.

3. Guy Durand, *Sexualité et foi*, Cerf-Fides, 1983, p. 173.

4. Luce Irigaray, *La Croix* du 12/11/1992, p. 22 et *Le Temps de la différence* (1989), Biblio-Essais, p. 119.

5. Paul Ricœur, « Pour une étude de la sexualité », *Esprit*, novembre 1961, p. 1808.

6. Éric Fuchs, *Le désir et la tendresse*, Labor et Fides, 1982, . 186.

7. Jean Chrysostome, *Homélie XX sur l'Épître aux Éphésiens*, citée par Jean Meyendorff, *in Le mariage dans la perspective orthodoxe*, Ymca, 1986, p. 119 à 128.

8. On entend par « ministère » un service reconnu par l'Église.

9. Expression ancienne désignant « l'Église qui est dans la maison » (*domus* = maison).

10. Saint Augustin, *Le bien du mariage*, III, 3.

11. Rachi (maître du judaïsme à Troyes, au XIIe siècle), commentaire sur *Genèse*, II, 24.

12. Emmanuel Lévinas, *Difficile liberté*, Albin Michel, 1972, p. 57.

13. Philippe Julien, *Le manteau de Noé*, DDB, 1991, p. 74.

14. Françoise Dolto, *Lorsque l'enfant paraît*, Le Seuil, 1977.

15. Jean-Paul II, *La dignité de la femme*, Lettre apostolique, 1988, parag. 8 et *Lettre aux familles*, 1994, parag. 9.

16. *Le Point* n° 853, janvier 1989.

17. H. Aupetit, C. Tobin, *L'amour déboussolé*, François Bourin, 1993, p. 137.

18. *Les divorcés remariés dans la communauté chrétienne*, Commission familiale de l'épiscopat, Le Centurion, 1992, p. 37.

19. On peut lire en particulier celui de Héloïse Herbé, *Un étrange chemin d'amour*, Le Centurion, 1988.

Table des matières

Avant-propos 7

1 – Amour et mariage 9
- Un couple tumultueux 10
- Un apprivoisement réciproque 13
- La vague amoureuse 17
- Au-delà du romantisme 19

2 – S'engager pour la vie ? 25
- Amour, toujours ? 26
- La grande traversée 29
- Une sage folie 31
  - Le temps, épreuve de vérité 31
  - Le temps, chance de croissance 32
  - La reconnaissance de l'autre comme unique 33
- De l'association à l'alliance 34
  - Est-il bon de se lier ? 38
  - S'engager à aimer ? 39
- Je, tu, nous 41

3 – Cohabiter ? 43
- Discerner 44
- Le nouveau et l'ancien 45
- Des questions demeurent 48
  - Sur le sens de la décision 48
  - Sur le sens de l'attente 51
  - Sur la portée de l'union charnelle 56

4 – Un acte social 59
- Au-delà du cocooning 60
  - Couple de fait, couple de droit 61
- Naissance du mariage civil 67

5 – Un mystère, un sacrement 73
- Au-delà de la magie 74

– Une union à trois 77
– Retour à l'écriture 80
Ce que Dieu a uni 82
De l'alliance à l'alliance 86
– Le sacrement au quotidien 89
Le sacrement des corps 89
Une dynamique pascale 90
Sacrement et guérison 91
Un ministère dans l'Église 92

6 – Le temps de la fécondité 95
– Fonder une famille 96
– Transmettre la vie 98
– Et la contraception ? 102
– Épreuves 105
– Avec le temps 110

7 – Le lien mis à l'épreuve 113
– Les crises, c'est la vie 115
– Face au divorce 120

8 – Devant l'éternité 131
– Cachée avec le Christ 132
– La veuve et l'orphelin 136

Conclusion 137
Bibliographie 139
Quelques adresses 141
Notes 142

Tout simplement, une collection d'outils de formation pour ceux qui veulent faire le point sur la foi.
Tout simplement, une manière d'écrire qui va à l'essentiel sans faire de fioritures.
Tout simplement, l'ambition de présenter, au public le plus large, le fruit de réflexions théologiques habituellement réservées à des spécialistes.

Dans la même collection :

1. *Jésus-Christ...* (Y. Chabert et R. Philibert).
3. *La morale...* (A. Barral-Baron).
4. *L'Église bouleversée...* de 1789 à 1945 (P. Pierrard).
6. *Croire quand on souffre...* (Y. Chabert et R. Philibert).
10. *Le peuple de la Bible...* (G. Sindt).
11. *Les prêtres...* (M. Mounier et B. Tordi).
12. *Le diaconat...* (P. Warnier).
13. *La morale en politique...* (C. Baboin-Jaubert).
14. *Les mirales...* (C. Perrot/J.-L. Souletie/X. Thevenot).
15. *Les religieuses...* (C. Hourticq).
16. *Vivre le pardon...* (Y. Chabert et R. Philibert).
17. *Saint Paul...* (P. Bony).
18. *Luther et la Réforme...* (D. Olivier et A. Patin).
19. *Dieu...* (H.-J. Gagey et A. Lalier).
20. *Le Diable...* (D. Cerbelaud).
21. *Le judaïsme...* (D. de La Maisonneuve).
22. *L'Esprit Saint...* (J.-P. Lémonon).
23. *La résurrection des morts...* (I. Chareire).
24. *Marie...* (M.-J. Bérère).
25. *Dieu le Père...* (D. Bourdin, J.-L. Souletie).
26. *La résurrection de Jésus...* (P. Bony).
27. *La Trinité...* (F. Bousquet).
28. *La naissance des dogmes chrétiens...* (B. Meunier).
29. *La confirmation...* (H. Herbreteau).
30. *L'Église et les pauvres...* (P. Bony).
31. *La chasteté...* (L. Licheri, J. Marroncle).
32. *La Révélation...* (C. Theobald).
33. *Le baptême...* (M. Scouarnec).
34. *Le concile Vatican II...* (D. Moulinet).
35. *Les vertus...* (J. F. Keenan).
36. *La papauté...* (C. Bressolette).
37. *La sexualité...* (L. Crepy, M.-N. Fabre).
38. *Les débuts du christianisme...* (J.-P. Lémonon).
39. *L'Islam...* (J.-L. Brunin).
40. *Le bien et le mal...* (G. Médevielle).
41. *Devenir chrétien...* (R. Lacroix).

Mise en page par Édimicro
29, rue Descartes - 75005 Paris
Tél. : 01 43 25 35 77 & 36 77 - Télécopie : 01 43 25 37 65
E-mail : Edimicro.Dafal@wanadoo.fr

Achevé d'imprimer par Corlet, Imprimeur, S.A.
14110 Condé-sur-Noireau
N° d'Éditeur : 6041 - N° Fab. : 6222 - N° d'Imprimeur : 119718
Dépôt légal : février 2009
Imprimé en France